Dietrich Koller

Öffne die blaue verborgene Tür

Gedichte
Zweiter Teil

Herausgegeben von Matthias Rost

Texte aus dem Nachlass

Band 4

© 2. durchges. Auflage 2014 Maria Lucia Koller – Matthias Rost
Gestaltung: Matthias Rost
Herstellung und Verlag:
BoD – Books on Demand, Norderstedt
ISBN 978-3-7322-8298-2

INHALT

Ein kleiner See genügt zur Spiegelung eines großen Himmels
TAGESZEITEN

    Wetzhausen im Abendlicht *(26.4.1990)* 15

    Du Sonne der Gerechtigkeit *(ohne Datum)* 16

    Der Tag spricht *(15.3.2008)* 17

    Sisyphos *(24.6.2007)* 18

    Morgengebet des Sisyphos *(24.4.2008)* 19

    Beim Erwachen *(25.3.2004)* 20

    Beim Einschlafen *(6.5.2005)* 21

    Tag für Tag *(12.1.2004)* 22

    Mein Morgen *(Januar 2004)* 23

    Morgenchoral *(14.1.2006)* 24

    In meinem Zimmer *(2003)* 25

    Um vier Uhr *(4.12.1990)* 26

    Epiphanie am Abend *(4.1.1978)* 27

    Evolution *(20.6.2007)* 28

    Abendvorstellung *(28.2.2002)* 29

    Sonnenuntergänge *(September 1967)* 30

    Bevor die Nacht mich überfällt *(28.2.2002)* 31

    Letzter Abend *(24.11.2004)* 32

    Drei Männer in Betrachtung
        des Sonnenuntergangs *(23.9.2010)* 33

    Bekenntnis am Abend *(27.4.2004)* 35

    Ein Schluß *(7.10.2006)* 36

    Tägliche Erfüllung *(13.1.2004)* 37

Gutes Nachtlied *(26.11.2005)* 38
Beim Zubettgehn *(2.6.2003)* 39
Der Schlaf der Vögel *(März 2004)* 40
Nuntius *(24.1.2002)* 41
Nacht *(11.11.1999)* 42

**Und nie und nimmer kann der Glückliche bezahlen
JAHRESZEITEN**

An den unbekannten Gläubiger *(14.1.2004)* 47
Christrose *(Neujahr 1999)* 48
Endlich *(2.2.2004)* 50
Sonnenstille neugekommen *(26.2.1991)* 51
Winterlinge *(März 1997)* 52
Zögernder Frühling *(15.3.99)* 54
Immer wieder Frühlingsgedichte *(ohne Datum)* 55
Coccothraustes *(25.3.2004)* 56
Nachruf im Frühling *(10.4.2005)* 57
Ahornbaum vorm Fenster *(9.5.1989)* 58
Warum im Frühling? *(8.5.2005)* 59
Verwechslung oder Verwandlung *(30.5.2005)* 60
Als ich die Wildtaube im Garten hörte *(1.7.2003)* 61
Sinn? *(3.6.2003)* 62
Bäuerlich *(ohne Datum)* 63
Der Garten *(28.6.1997)* 64
Hanggarten nach Süden *(24.7.2004)* 68
Mariae Geburt *(28.8.1981)* 69
Staubkorn *(29.8.1967)* 70

Sommerneige *(28.9.1997)* 71
Frauenseptembergarten *(23.9.1975)* 72
Dieser Blumenstrauß *(25.9.2004)* 73
Fränkischer elfter September *(11.9.1983)* 74
September *(1983)* 75
Neue September *(12.9.2004)* 76
Gänseschreie im Nachbargarten *(29.5.1985)* 77
Es stürzte ein Same in die Erde *(Oktober 1969)* 78
Einunddreißig Oktober-Haikus *(2005)* 79
Kain und Abel *(ohne Datum)* 83
Herbst *(1972)* 84
Goldener Oktober *(22.10.1990)* 85
„Der Mensch ist da!" *(14.11.1990)* 87
Schauder *(1.12.2004)* 88
Das große Lebewesen *(18.11.1998)* 89
Steter Herrschaftswechsel *(26.5.2006)* 90

Wir schlagen neue Augen auf und sehen uns zum ersten Mal
LIEBESZEITEN

Zettel an der Haustür *(25.9.1999)* 95
Neunundzwanzigster September *(1967)* 96
Fast *(1973)* 97
Lucia von Orleans *(August 1973)* 98
Gesuch *(1973)* 99
Emanzipation des Mannes *(13.11.1977)* 100
Zwischenraum *(Juli 1978)* 102
An die Empanzipierte *(27.11.1978)* 103
Die Lastenträgerin *(1975/79)* 104

Keine Eifersucht auf den Fremdling *(1.9.1980)* 105
Rätsel *(17.9.1980)* 106
Wir zwei *(9.8.1983)* 107
Atlantika *(24.8.1985)* 108
Umweg ins Weite *(Juni 1986)* 109
Schuhe *(August 1986)* 110
Dreißig Jahre Ehe *(13.6.1989)* 111
Er segnete sie und sprach *(12.2.1991)* 112
Willkommen *(6.4.1991)* 114
Lieben können *(26.1.1992)* 115
Was ist Keuschheit? *(Juni 1992)* 117
Das Gewicht des Herzens *(9.2.1993)* 118
Berührungen *(Frühlingsanfang 1994)* 119
Schweres Lieben – Leichtes Dichten *(1998)* 120
L.L. *(9.3.1982/1.5.2000)* 121
Ehemann *(17.5.2000)* 123
Befriedung *(23.7.2000)* 124
Die Briefe *(28.7.2003)* 126
Kleine Liebesapokalypse am 29.9.2003 *(25.10.2003)* ... 127
Die Frau *(12.1.2004)* 128
Religion *(3.7.2004)* 129

Verwirrt und glücklich irre ich seitdem umher
LEBENSZEITEN

Widerfahrnis im Alter *(16.8.1998)* 133
Ziele *(18.5.1968)* 134
Ahnengeist *(1970)* 135
Moving *(Juli 1972)* 137

Ich habe gehört *(November 1972)*	138
Bussard *(Dezember 1972)*	139
Ich schenk dir *(Dezember 1973)*	140
Nicht mehr Jahr für Jahr *(August 1974)*	141
Mein Schicksal *(16.8.1978)*	142
Geburt ohne Mutter *(Februar 1984)*	143
Der alternde Fährmann *(18.11.1989)*	145
Dreimal eine Begegnung *(1991)*	147
Vom Kreuz des Menschen *(Juni 1992)*	148
Weiter weiter *(1993)*	151
Ent-Deckung *(Michaelis 1997)*	153
Das Los ist mir gefallen auf liebliches Land *(1973/2000)*	154
Was mir ein guter Freund anvertraute *(31.7.1998)*	156
Zweite Wende *(22.11.1998)*	158
Dankbarkeit *(22.11.1998)*	159
Spätes Leben *(28.4.1999)*	160
Der Schreiber *(10.6.1999)*	161
Liebeserklärungen *(November 1999)*	163
An uns blinde Blindenleiter *(21.11.1999)*	166
Es gehen die Berge *(23.1.2000)*	168
In die Asche des Königs gesprungen *(28.3.2000)*	170
Traum in der Walpurgisnacht *(1.5.2000)*	171
Der Polstermeister *(30.10.2000)*	172
Ein Psalm Hundertneununddreißig *(25.11.2000)*	173
Syndrom lautlos unsichtbar *(30.11.2000)*	175
Tattoo *(3.12.2000)*	176
In diesem Wald *(4.12.2000)*	177

Hinter dem Gewissen *(6.12.2000)*	178
So lang *(22.12.2000)*	179
Ein Traum von Freiheit *(22.12.2000)*	180
Wahrheit der Neurose *(21.1.2001)*	181
Der Hengst *(31.1.2001)*	182
Siebzig *(22.1.2002)*	183
Ein alter Mann und ein Meer *(24.1.2002)*	184
Elisabethanische Begleitworte am 70. Geburtstag *(August 2002)*	185
Humilitas *(5.8.2003)*	187
Radtour-Ende *(8.8.2003)*	188
Seltsame Sucht *(29.9.2003)*	189
Fragen an Apoll und Bacchus *(23.10.2003)*	190
Kranichzug *(25.10.2003)*	191
Imagination *(25.10.2003)*	192
Labyrinth *(6.11.2003)*	194
Totensegen *(12.1.2004)*	197
Wie ich mein Alter heute verstehe *(14.1.2004)*	198
Der Henkelkrug *(14.1.2004)*	199
Der große Tod *(März 2004)*	200
Die eine Perle *(25.7.2004)*	202
Dreifaches Distichon am Krankenlager des Dichterfreundes *(13.10.2004)*	203
Kassiber *(25.11.2004)*	204
Auf dem Fahrrad nach Unterfranken *(13. – 15.8.2005)*	205
Ruhe-Stand *(17.10.2005)*	209
Kommentar *(1.2.2006)*	210
Seiltänzerfreiheit *(2.2.2006)*	213

Verzweifelte Bitte *(23.6.2006)*	214
Frohe Enttäuschung *(27.6.2006)*	216
Meine nur gefühlte Wirklichkeit *(10.7.2006)*	217
Der Unterschied *(ohne Datum)*	218
Bilanzchaos *(23.6.2007)*	219
Ich hebe meine Augen auf *(18.7.2007)*	221
Das Glas ist leer das Glas ist voll *(19.10.2007)*	222
Vita Nova *(2.11.2007)*	223
Wie die Sucht des Sehnens endet *(14.7.2010)*	227

Editorische Notizen	229

Ein kleiner See genügt
zur Spiegelung eines großen Himmels

TAGESZEITEN

WETZHAUSEN IM ABENDLICHT

Ein kleiner See genügt zur Spiegelung eines großen Himmels,
Wie wenig unterscheidet sich die Welt von ihrem Traum!
Gedenke auch des stillen unsichtbaren Fischgewimmels
und all des Lebens und des Sterbens in der Menschen Raum

im kleinen Dorf mit alten Herzen unter engen Dächern!
Gedenke auch der Ritter Tafelrunde aus Gestein,
die einst im hohen Kirchenschiff aus feuergoldnen Bechern
selbstherrlich tranken - ihren Bauern und sich selbst zur Pein!

Ist alles schon versunken in den Seegrund unsres Lebens?
Taucht jeden Morgen unsre alte Welt aufs Neue empor?
Des Kirchturms Abglanz lotet in die Tiefe ganz vergebens.
Erst nach der letzten Abendsonne kommt die Wahrheit vor.

DU SONNE DER GERECHTIGKEIT

Du Sonne der Gerechtigkeit
Christus vertreib in uns die Nacht,
daß mit dem Licht des neuen Tags
auch unser Herz sich neu erhellt!

Du schenkst uns diese Gnadenzeit,
gib auch ein reuevolles Herz
und führe auf den Weg zurück,
den Deine Langmut irren sah.

Es kommt der Tag, Dein Tag erscheint
da alles neu in Blüte steht,
der Tag, der unsre Freude ist,
der Tag, der uns mit Dir vereint.

Dir, höchster Gott Dreifaltigkeit,
lobsinge alles, was da lebt,
laß uns durch Deine Gnade neu
Dich preisen durch ein neues Lied!

DER TAG SPRICHT

Guten Morgen!
Ich begrüße dich im Namen dessen,
der mich hervorgebracht hat.
Tritt ein! Du bist willkommen.
Du wirst erwartet. Es ist alles zubereitet.
Dir sind alle meine Stunden geschenkt.
Sie sind schon bezahlt.
Sie erfüllen sich von selbst,
du musst die Zeit weder anschieben noch stoppen.

Eine Bitte: Bleib wach und nüchtern,
werde nicht menschendienerisch,
bleibe frei, liebe bedingungslos!

Ich reiche dir jetzt die frische Wäsche des Geistes,
schlüpf in die Kleider deiner Rollen,
hier sind die Schuhe deines festen Auftretens,
hier der Mantel der Aufmerksamkeit,
hier dein Stock zum Verjagen der schlechten Geister.
Alles Gute bis heute Abend,
wenn dich meine große Schwester abholt, die Nacht,
und mit dir im Traum alles bespricht, was unklar ist.
Glück auf zur Arbeit über und unter Tage!

SISYPHOS

Sisyphos
muss ein unermüdlicher
ja ein übermütiger
Gottmensch sein
dass er jeden Abend lachend
den heißen Sonnenball
mit nackter Zehe
in die tiefe Nacht hinabstößt
und „all Morgen ganz frisch und neu"
wieder lustvoll hinaufstemmt
bis zum glühenden Zenit
milliardenmal und nocheinmal
ohne zu zählen und nocheinmal.

Und ist es auch kein Auf- und Niedergang
so ist es doch ein Umgang
und ein Kreisen um alle Mikro-Makrozentren
und niemals ist es eine Wiederholung
des Ein-und-immerselben
sondern immer eine neue
Jetzterfindung und Hiererschaffung
täglich eine Sonnenraderfindung
kraft der unstillbaren Lust des Sisyphos.

MORGENGEBET DES SISYPHOS

O Gott aller Sonnen
Anstoß aller Bewegungen und Kreisungen
Zentrum aller Spiralen
Anziehungskraft aller schwarzen Löcher –
ich danke dir für diesen neuen Erdentag.
Selbst wenn es in einer Unterwelt ist:
Ich darf heute neu anfangen
als gäbe es kein Gestern.
Ich lebe jenseits.
Da kommt kein Tadel an, kein Lob,
keine Bestrafung, keine Belohnung.

Ich preise dich du Stifter aller Anfänge,
du verlangst von mir keine Vollendung,
die ist allein dein Werk.
Ich muss nicht an ein Ziel kommen.
Mir steht es nur zu, in der Übung zu bleiben.
Die Übung ist mein Ziel.
Ich selber bin dein Ziel.
Ich bin es jeden Tag neu.
Wer redet da noch von Schuld oder Schicksal?
In der Zeitlosigkeit ist schon alles vollbracht.
Amen.

BEIM ERWACHEN

... aber jetzt
jetzt kommen die Berge
und wenn die Berge kommen
dann musst du fliehen.

Dann aber sagt mir eine andere Stimme:
Kehr um
flieh über die Berge hinweg
sonst kommst du nicht heim.

Und ich nehme
im Gegenwind
Schritt um Schritt
Berg für Berg
Tag um Tag
unter die Füße
und die Berge wandern
unter mir hinweg
wandern ins eisige Meer.

Da kommt mir warm entgegen
zitronenduftiger Südwind.

BEIM EINSCHLAFEN

Als legte ich mich nackend nachts am Ufer
in einen leeren ruderlosen Nachen –
so geh ich mitternachts zu Bett
und lass mich träumend treiben hin
zu fremden Ländern.

Als legte ich mich nackend nachts am Ufer
in eine schwere steuerlose Fähre –
so überlass ich mich dem Lebensfluß
und lege mich vertrauensvoll
in seine Arme.

Als legte ich mich nackend nachts am Ufer
in einen schwarzen segellosen Kutter –
so bette ich mich einst in meinen Sarg
und lass mich schwimmen auf dem Lethestrom
des Allvergessens.

Als legte ich mich nackend nachts am Ufer
in eine unterganggeweihte Sonnenbarke –
so sinke ich in eine Hochzeitsnacht
und schaukle mich in einer Menschheitswiege
der Neugeburt.

TAG FÜR TAG

Mein Geist hält Wache
im nächtlichen Schlaf.
Am Morgen rüst' ich mich bangen Herzens.
Am Mittag hab' ich mich schon in meinem Schaffen verloren.
Am Abend kommt mir die Flut der Seele zurück.
Und nachts schaue und trinke ich wieder
    die Wunder der Tiefe.

MEIN MORGEN

Mein Morgen gehört Gott,
dem ich mich eröffne.
Mein Tag gehört der Welt,
in die Er sich ergießt.
Mein Abend gehört mir,
in mir feiert sich Er.
Die Nacht gehört dem Nichts,
aus welchem alles kommt.

Du bist der Morgen.
Du bist der Tag.
Du bist der Abend.
Du bist die Nacht.

MORGENCHORAL
(auf die Melodie: Wer nur den lieben Gott lässt walten)

Du gabst mir meine Unschuld wieder,
hast mir in dieser langen Nacht
den Geist, die Seele und die Glieder
ich weiß nicht wie, ganz leicht gemacht.
Nun steh' ich auf und danke dir
und geh' durch eine offne Tür.

Ich lag in Schuld und Scham gefangen,
im Traum stand ich vor Satans Thron.
Da ist ein Freispruch mir ergangen,
ich schlief und wusste nichts davon.
Nun da du selber mir's gesagt,
hab dir zu glauben ich gewagt.

Ich spür' in dieser Morgenstunde,
du hast die ganze Nacht gewacht
und abgewaschen meine Sünde.
Ich hab' dir große Müh gemacht!
Du sprichst: „Wir reden nicht davon.
Ich hab' dich ja als meinen Lohn."

Du unentwegter Seelenwäscher
tilgst meinen Makel in der Nacht,
vertreibest die Gewissenshäscher,
drum bin ich glücklich aufgewacht
und gehe in den Tag hinein,
als wär ein Traum mein neues Sein.

Vielleicht hast du in diesen Nächten
mich unbemerkt so sehr liebkost,
dass ich, verletzt von bösen Mächten,
gebadet bin in deinem Trost.
Ich, der ich dich so sehr betrübt,
ich staune, dass du mich geliebt.

IN MEINEM ZIMMER

I
Ich niste hoch gen Südwest.
Lichtüberflutet die Burg.
Am Abend flammt es auf.
In Feuergold all meine Fenster.

II
Die unsichtbare Strahlung
der Ikone
in meinem kleinen Zimmer –
einem Riesenreaktor gleich,
ein Aktor,
der Pantokrator.

III
Und doch ihr Augen,
vergesst, was ihr seht.
Ein Augenlicht andrer Art erstrahlt
in meinem jetzt finsteren Turm.

IV
Ich kann das einfach nicht begreifen,
wie die Sonne täglich
in rasender Langsamkeit
am Horizont verschwindet,
weil sich meine Erde
so deutlich von mir wegdreht
und wieder eine Verlängerung erwirtschaftet hat
und ein Tagewerk
vollkommen unfertig vollendet ist
und mein Zellulargewebe
zwei Dutzend Stunden älter geworden ist
der universellen Hinfälligkeit gemäß.

UM VIER UHR

Die Gewalt der sterbenden Nachmittagswintersonne
erweckt mich zu einem heißen Sommer anderer Welten
daß ich schreie und schreie
holt mich heim holt mich heim
und von meinem Gebrüll fahren die Raben hoch
flattern hoch vom Aas zu Tode erschrocken.

EPIPHANIE AM ABEND

Ein leuchtender Fisch
ist am Himmelssee erschienen.

Zur verschwundenen Sonne gewandt
steht er, der Wolkenstrich,
daß seine Schuppen noch rosig
erschimmern von unten
über den dunklen Korallenwäldern
des Horizonts.

Wenn er die Mondsichel schluckt,
die silbrige Verführerin,
bringt's ihm den Nachttod,
uns den Lebensmorgen.

EVOLUTION

Spätestens beim Untergang der Sonne
komm ich mir vor wie ein Hund
der den lieben langen Tag
die Nase an der Erde hielt
jetzt aber bei der großen Schlußvorstellung
die Augen erhebt als ein staunender Mensch
und die rosenfarbige Wolke
in der Schönheit eines Engels schaut
und wie zum ersten Mal dahinter
den unsichtbaren Himmel weiß.

ABENDVORSTELLUNG

Mit solchem Farbenpomp
im Wolkenschauspiel
zieht sich jeden Abend
die selbstbewußte Dame
zurück in ihre Hochzeitshorizontenkammer
als sei's die letzte Aufführung gewesen
nach unvordenklich ferner Premiere.

Weiß man's denn, ob dieses Stück
morgen noch einmal gegeben wird?
Wenn mein Aug erblindet ist
im Erlöschen aller Augen
ist auch das Theater schon geschlossen
und die vielen Sonnen in den vielen Galaxien
(was heißt viel)
verglühen langsam
(was heißt langsam)
ohne Beifall vor sich hin.

Oder ist im letzten schwarzen Loch
ein letztes Auge
für unendliche Premieren?

SONNENUNTERGÄNGE

Sonnenuntergänge sind verführerische Einladungen, hinter dem Horizont zu sterben.

BEVOR DIE NACHT MICH ÜBERFÄLLT

Bevor die Nacht mich überfällt
kommt ins Zimmer große Welt:

Große Freundin, große Frau
gewährt mir täglich Audienz
entfaltet eine Abendschau
durch ihre strahlende Präsenz.

Lautlos gleitet sie durchs Zimmer
hebt mir Bild um Bild hervor
deckt mit Schatten und mit Schimmer
einen Tisch voll Blumenflor

wischt mir ohne sich zu bücken
das Parkett mit Goldölfluß
streichelt alle Bücherrücken;
dann ein Augenliderkuß

und sie schlägt zur Abschiedsweise
groß das Goldrad eines Pfau
wirbelt Sternenstaub im Kreise
und vorbei die große Frau –

vorbei im Zimmer große Welt
bevor die Nacht mich überfällt

LETZTER ABEND

Licht loht herein
von fern West.
Die Stube glüht im Schein
feuerfest.

Mein aussichtsreicher Turm
Adlernest
hält kaum stand dem Sturm.
Herzasbest.

Das Licht will nicht zergehn.
Die Sonne sinkt.
Die Standuhr bleibt jetzt stehn.
Venus winkt.

Alter Dornbuschbrand
vom Sinai
im alten Abendland?
Ja. Sieh!

Licht loht herein
von fern Ost.
Ein Engel stürmt herein
bringt Post!

„Geliebte Welt!
Von draußen her
bist du erwählt
fürs Feuermeer."

Führt sich der Himmel auf
mit Goldtürkis
kehrt er die Welt zuhauf
ins Paradies.

DREI MÄNNER IN BETRACHTUNG DES SONNEUNTERGANGS

FRIEDRICH

Schaut nur, ihr sinnlichen Augen,
die Purpurpracht dieser Szene,
den makellosen Kreis in blutorangener Leuchtung,
schaut die im Abenddunst
      sich anschaubar machende Sonne,
seht das Violett der goldgerandeten Wolken
      am türkisenen Himmel,
das langsam eilende Sinken der Sonne
      hinein in dunstige Schleier,
seht, wie sich das Schauspiel minütlich verändert,
die Landschaft in lange Schatten getaucht wird
und zugleich in hellste Bestrahlung.
Kein Künstler hätte die Farben, solches zu malen,
kein Fotograf die Technik, solches vermitteln.
Und schon ist die Herrliche gänzlich entschwunden,
wir spüren die Kühle, die nahe Zukunft der Nacht,
wir hören den Vogelgesang verstummen.

DAVID

Schaut nur, ihr geistigen Augen,
ihr sehenden Zellen der Nerven,
ihr verknüpfenden Schaltungen meines Gehirns,
ihr sonnenhaften Produkte des kosmischen Lichtes,
schaut, was ihr sinnlich nicht sehen könnt,
wie jetzt unser kleiner Erdenplanet
sich abdreht von seinem Zentralgestirn
und unsere Hälfte der Kugel
zur Nacht des Weltalls sich wendet
nach mathematisch ewig gültigen Bahnen
irgendwo am Ende einer milchigen Nebelspirale
von unzählbaren Sonnen.

Schaut, ihr vernünftigen Augen und erkennt in Demut
die Relation eurer Größe und eurer Nichtigkeit.

CASPAR

Schaut nur, ihr innersten Augen,
schaut dies herrliche aber vergängliche Gleichnis,
welches niemals sich selber meint,
sondern die letztverborgene Wirklichkeit,
welches die blinde Natur nicht weiß;
wir aber verstehen dies tägliche Schauspiel
als ein getreues Zeichen für das Geheimnis der Liebe,
als einen Vorgeschmack der vollkommenen Schönheit,
ein Abbild der göttlichen Hochzeit von Himmel und Erde,
ein großes Zeichen des unbesiegbaren Lichtes
inmitten der tödlichen Mächte des Chaos,
ein Licht, das alles mit allem verknüpft,
ein Abendgruß der einen universalen Macht,
die wir wagen, als sterbend auferstehenden Gott
    zu verehren.

DREI VERSCHIEDENE MÄNNER

Wenn sie einander zuhören können
und am Ende einander umarmen,
vereinen sie sich zu einem einzigen Menschen,
der mit dreifachen Augen
sieht ein dreifaches Mysterium des unerklärlichen Lebens.
Wer aber jeweils nur die eigene Sicht als einzige sieht,
bleibt bedürftig der beiden Freunde.

BEKENNTNIS AM ABEND

Auch dieser Tag ist wie jeder
eine verspielte Welt.
Unbemerkt ist es passiert.

Aber auch diese Nacht ist wie jede
eine Mühle, die Schuld verarbeitet,
von keinem bemerkt.

Und der Morgen wird sein wie jeder Morgen:
das Lächeln einer neuen Welt,
ob man's merkt oder nicht.

EIN SCHLUSS

Der Tag ist aus, aus ist sein Licht.
Wird er bestehn vor einer Ewigkeit?
Steht er nicht da als armer Wicht
Vielleicht gibt Reue ihm Bedeutsamkeit?
Bezahlt ein andrer für ihn seine Schulden?
So viele tausend Tage sind zerronnen.
Ein Federstrich der transzendenten Hulden –
Ein Looser hat den Jüngsten Tag gewonnen!

TÄGLICHE ERFÜLLUNG

Kompletorium Abendstunde,
wenn nichts mehr ansteht als die Nacht,
die Nacht, die meine Tageswunde
heilt mit ihrer sanften Macht –

Tageszeit, Zeit der Tyrannen,
da man fremden Pflichten frönt,
alles flüchtet jetzt von dannen –
der Abend ist's, der mich versöhnt.

Bevor die große Nacht erscheint,
darf der Geist noch kurz entflammen,
Leib und Seele wird vereint,
und das Feuer sinkt zusammen.

Nachts, beim Sinken in die Tiefe,
wo Dämonen mit sich streiten –
selbst wenn mich ein Richter riefe,
darf ich in die Freiheit gleiten.

GUTES NACHTLIED

Geh ins Bett und bleib nicht auf,
der Tag ist nicht mehr zu retten.
Lass den Dingen ihren Lauf,
lass dein Gewissen sich betten.

Morgen ist ein neuer Tag,
da kannst du aufs Neue stümpern.
Du bist kein Gott, der alles vermag,
kannst nur probieren und klimpern.

Und wer vollführt das ganze Stück?
Das kann nur der Große Meister.
Hab du nur für das eine Geschick:
die Unterscheidung der Geister!

Einer ist dein größter Feind:
der Geist des Perfektionismus;
der gibt sich aus als dein bester Freund
und ist nur Illusionismus.

Also geh jetzt rasch zu Bett!
Die Demut ist deine Erlösung.
Falle tief ins höchste Duett
der göttlichen Liebkosung.

BEIM ZUBETTGEHN

Gott du meine Nacht,
ich komme und ich sinke
in deine Arme.

Im Schlaf bin ich dein.
Ich bin dein verliebter Traum.
Und du der meine.

Es ruht sich sehr sanft
in der Nichtwissenswolke.
Da bin ich zuhaus.

So lern ich den Tod.
Der Nachtseite des Lebens
vertrau ich total.

Schlafen die Sinne,
so ist die Seele hellwach
unter der Sonne der Nacht.

DER SCHLAF DER VÖGEL

Der Schlaf der Vögel ist quer zu dir.
Eher als du gehen sie, eher als du erstehen sie,
in der Freude des Frühlings immer dir Spätling voraus.

Immer feiern sie das allheilige Dämmerlicht,
sei es am Morgen oder am Abend.
Du aber kennst nur die Zimmerlampenmagie.

Schon wenn die Allerweltsamsel,
die proletarische Künstlerin,
ihren ersten Part improvisiert,
verspottet sie dich vor dem Fenster:
„So frühkissenverliebt würdest du
          nie unter Propheten geraten!"

Ach, denkst du, was wissen die Vögel
von der Hellsichtigkeit einer Menschennacht
im Reich der Bücher und Violinkonzerte?

Doch in der Abendsonne flüstern und schwatzen
gefiederte Putti im Hochaltar der Eiche:
„Morgen werden wir sehen, ob dann noch gilt,
was dir heut' Nacht im Sessel als Erleuchtung erscheint
oder ob sich wie immer alles entpuppt
als lügfadenscheinige Unbedeutendheiten."

Horch, singt nicht in dir eine leise Flöte:
„Wach auf, ewiger Schläfer des Tags
und geh' mit der Sonne ins Horizontbett
und wälz' mit ihr fort in der Allherrgottsfrühe
den Nachtstein vom Grab."

NUNTIUS

Bronzeglänzend braungebrannt
silberblau im Lichtgewand
stiller kühner Fenstersteiger
punktgenauer Himmelszeiger
ehrfurchtsvoller Herzensbrecher
hünenhafter Gabriel
kommt als wortloser Befehl
Marie-Anima zu grüßen
schier mit Lippenhauch zu küssen
daß ihr Zellular-Bau bebte
als im Aufhub er entschwebte
und nur dieses hinterblieb:
Weizen ohne Spreu im Sieb.
Als die Dunkelheit begann
nur noch Fragen wie und wann
um die Antwort JA herum
ohne Aber und Warum.

NACHT

Nacht – sie will nichts von mir.
Wie gut das tut.
Die Tage – immer stellen sie ihre Ansprüche.
Nacht nimmt mich auf
in die große Geborgenheit der Gleichgültigkeit.
Nacht – sie gibt mir den dunklen Schleier
meiner Vermählung mit mir selbst.
Nacht – wo die anderen schlafen,
da erwacht mir der freie Geist, ruft:
Nacht, ich will alles von dir,
alle deine Geheimnisse kosten,
da du Großherzige nichts von mir willst.

Und nie und nimmer
kann der Glückliche bezahlen

JAHRESZEITEN

AN DEN UNBEKANNTEN GLÄUBIGER

Die schönsten Tage überrollen mich in Wellen.
Wie kann der seine alten Vorsätze erfüllen,
den immer neue schöne Tage überfallen?
So wächst der Schuldenberg dem säumigen Gesellen
und nie und nimmer kann der Glückliche bezahlen.

CHRISTROSE

„Schattig und humosig feucht",
sagt der Gärtner, „will sie's haben",
während er mir überreicht
die Pflanze, die Dich möge laben,
die Blume, die im Winter blüht
und die man nah bei Bethlehem sieht.

Warum sie nur im Schatten gedeiht?
Warum sie lockeren Humus bräuchte?
Damit sie in Bescheidenheit
gewaltlos offnen Herzen leuchte.
Und warum liebt sie Feuchtigkeit?
Sie sammelt Tränen mit Leichtigkeit.

Und pflanzt Du sie einst auf ein Grab,
so gibst Du sie zurück dem Baume,
den uns der Urahn Jesse gab,
der in der Erde liegt im Traume
und träumt sich seit drei tausend Jahr
die Menschheit, die sich Gott gebar.

Breit liegt der Vater hingestreckt
im humusschweren Mutterbette
vom Sternenmantel zugedeckt.
Er stützt den greisen Kopf, als hätte
er allzu viele Lastgedanken
um Kinder, die sich aus ihm ranken.

Aus seinem Brustbein wächst empor
die Wurzel, die den David kündigt
und Salomo und all den Chor
der Herrscher, die so viel gesündigt,
bis dann die edle Jungfrau blühte,
auf daß ihr Schoß den Heiland hüte.

Der springt hervor, ein starker Sproß,
weckt Jesse auf und Davids Schafe,
ein Prinz, der's Dornenrosenschloß
herausküßt aus dem Todesschlafe.
Der Christusrose Wintersegen
blüht Dir dem vierten Jahrtausend entgegen.

ENDLICH

Endlich,
Ihr wehenden Sturmelemente,
Ihr unruhigen Geister,
habt Ihr das fegende wirbelnde Werk vollendet,
habt Ihr Euch kuschend, wie unschuldig niedergelegt.
Still dürfen nun werden die willfährigen Opfer,
die rauschenden Bäume,
gejagten Wolken,
aufgewühlten Seelen,
still auch
ich.

SONNENSTILLE NEUGEKOMMEN

Sonnenstille, neugekommen.
Gern leidet der Schnee seinen verspäteten Tod.
Wollt Ihr nicht auch den Stolz
in Hingabe zerfließen lassen?

Der alte Acker wird wieder sichtbar.
Was ist in seinem Leib geschehen,
während über ihn hinweg der Tod so herrschte?
Wird es eine Todsgeburt nur sein?

Mächtig zieht mich Zephir fort.
Doch Eros wohnt ja hier bei mir
und nicht in föhnigsüßer Ferne.

Zaghaft zirpt ein Vogel ohne Namen,
der das Überwintern wunderlich natürlich schaffte.
Er zagt nicht, denn er weiß,
die Zukunft ist ihm zugetan.

O tauende Welt,
jeder Tropfen vom alten Dachfirst meines Hauses
perlt wie ein Ave verum Meister Mozarts.
Zarte Gewalt vorm ersten März,
ich folge dir.

Wird auch der ferne nahe Krieg der alten Männer
dem jungen Wüstenfrühling folgen
und sich in Scham entblößen und entlösen
vor der Treue dessen,
der die Erde um die Sonne führt,
bis die letzten Waffen stille stehn?

Komm,
Eis und Männerherzen sprengende Gewalt des Frühjahrs,
Vorfrühlingsfriede du!

WINTERLINGE

Wir Frühlingsüchtigen
auf der Suche nach den Winterlingen
strandeten auf einem Friedhof
der vierzehn heiligen Nothelfer.

Lange hatten sie einst hilflos zusehen müssen,
wie die Grafen, die heißblütigen Brüder
durch Geisteskälte ihre Länder gegenseitig
überfielen und verbrannten.

Da streuten die Guten, die Heiligen,
vom grauen Himmel her Schnee auf die Asche.

Und eine schüchterne Wallfahrt
von Friedenssüchtigen, Siedlungswilligen
suchte den Weg.

Vierhundert Lenze später
kam der kleine große Kaiser vom Westen geflogen
- was hat denn der hier zu suchen? -
und schlug den Adler, den schwarzen
und färbte die grüne Erde Thüringens rot.

Die vierzehn heiligen Helfer sammelten Jahr um Jahr
zehntausend Federn und Knochen des
in die Erde gestürzten Vogels.

Noch der Produktionsgenosse, der pflügende Bauer
fand Gebein um Gebein.

Längst sind nicht alle gebettet unter das hilflose Kreuz
mit dem ratlosen Textgott: Dein Weg ist heilig!

Wir stehen noch da, die wir
die Winterlinge wünschen zu finden
und fahren nun durch den Wald,

wo jüngst vor der Wende die russischen Rohre
von Osten nach Westen gewandt
fast eine Welt in tödlichen Staub und Strahlung
hätten gehüllt.

Jetzt aber sind
durch die Mühsal der Seligen
alle Silos in aller Stille geleert.

Und so finden wir Suchenden endlich den Wald,
den Buchenwald mit den schattengestreiften Matten
voll von den gelben Sternen, den unzählbaren,
den Winterlingen, die uns verkünden:
es gibt trotz allem doch noch
den Frühling.

ZÖGERNDER FRÜHLING

Noch hält Narcissus sich zurück
zwar ist es Zeit
jedoch ihn lockt kein Sonnenblick
aus seinem Kleid

in das er sich verschließt
ein helles Grün
dahinter er sein Gold genießt
ganz ungesehn.

Im Innern bei sich selbst zu hausen
ist ihm Genuß
und dennoch wartet auf ihn draußen
ein andrer Kuß.

ein Gruß des Frühlings, dessen Zeit
mit warmer Macht
ganz langsam kommt und ihn befreit
zu voller Pracht.

IMMER WIEDER FRÜHLINGSGEDICHTE

Grad wie's im Buch und im Gedächtnis steht
so steht der Frühling plötzlich da in aller Welt.
Die Zweige platzen auf's Geheiß der Stunde
schon kündigt sich die Explosion der tausend Knospen an
genau wie die Erfahrung seit Millionen Jahren
uns zu hoffen lehrt.
Der grüne Hauch umwebt die alten Böden wieder.
Und in der Scheune wartet der Maschinenpark.

COCCOTHRAUSTES

Nein, welch eine Ehre am Fenster heut früh!
Da war erschienen ein seltenes Genie,
Herr Coccothraustes, ich sah ihn noch nie,
ich kannte ihn nur aus der Ornithologie.

Du stiller versteckter Gartengast,
ich möchte das haben, was du hast,
die Kraft, die den bitteren Kern erfasst
mit stählernem Schnabel, perlmuttfarben fast.

Dem Kernzerbrecher ist Kirschfleisch zu süß.
Er hält Hochgericht im Fruchtparadies,
seit er mit Hochgenuss Kerne zerbiss.
Der Philosoph in ihm ist's, was ich genieß'.

Paradox ist sein plumper Körperbau,
doch fein bemalt in Zartbraungrau.
Die Schwungfederzier ist dunkelblau.
So vornehm und wuchtig, so schüchtern und genau!

Das war mir eine Ehre am Fenster heut' früh,
da besuchte mich das kleine Genie
Herr Coccothraustes, ich sah ihn noch nie,
doch ich kannte ihn schon aus meiner Biographie.

NACHRUF IM FRÜHLING

Meister Coccothraust, mein Freund,
heute hab ich um dich geweint.
Zwei Winter nur bist du hier gewesen
und hast vor mir am Fenster gelesen;

gelesen, geknackt die Körner der Wahrheit.
Dir war gewachsen ein Schnabel der Klarheit,
perlmuttfarben und kräftig geschmiedet.
Gekonnt hat dein Geist den Hunger befriedet.

Was warst du für ein wacher Gast,
warst scheu und mutig ohne Rast,
immer den Augenblick gestaltend,
auch flüchtend den Überblick behaltend.

Und nun, da endlich der Frühling erschienen,
ich dich gerne vermisste in der Weite des Grünen,
da finde ich dein Farbengefieder
auf der dunklen Erde wieder

und dein einst ruheloser Leib
ruht in einem Todverbleib.
Warum stirbt ein Winterheld
mitten in der Frühlingswelt?

Diesen Kern kann ich nicht beißen,
kann mich keinen Weisen heißen.
Muss meinen dicken Schnabel halten,
die Zeit des Gartens still verwalten.

Fragend leg' ich deine Pracht
in den Erdenschoß der Nacht;
bleibe aber dein gedenk,
denn dein Erscheinen war Geschenk.

AHORNBAUM VORM FENSTER

Er hat in aller Stille sich entfaltet
und alle seine Möglichkeiten wahrgenommen
bis in die äußerste Verästelung.
Es ist ihm die Vervollkommnung gelungen
und jede Knospe, die zum vollen Blatt geworden
trug ihren Anteil dazu bei.

Und dies geschah in einem unsichtbaren Tempo
und ohne daß ich mitgewirkt und mitgewoben hätte,
es sei denn, daß mein schlechter Atem
        ihm willkommen war.
Er brauchte auch nicht meine Blicke,
ich schaute höchstens hin und wieder flüchtig
aus dem Fenster ohne große Achtsamkeit.
Doch jetzt steht er in Wucht und Blätterpracht
eindeutig und wie selbstverständlich für mich da -
ein Wunder, das mich sehr beschämt.

WARUM IM FRÜHLING?

So dicht
über und über
erst rot dann seltsam weiß
blühte dieser alte Baum
so heftig üppig wie noch nie
gleich einer überglücklich reifen
Maienbraut.

Über Nacht
stark und stärker
und doch seltsam sanft
wehte Wind von Westen her
so kosend tosend wie noch nie
da bricht im Rausch zu Boden der
Blütenbaum.

Am Tag
seh' ich mehr und mehr
und mit Erschrecken
das hohle Innere des Stammes
so volle Todesreife sah ich nie
bewundere nun der Blütenpracht
Verzweiflungsakt.

VERWECHSLUNG ODER VERWANDLUNG

Aus dem Duft des Flieders
am Rande des Gartens
nach vierzig Jahren
höre ich wie zum ersten Mal
meinen Namen wieder.

Aber
wer hat mich gerufen?
Du selbst
der du im verwehenden Flieder wohnst
wie im unauslöschlichen Dornenbrand?
Es wäre unsagbar –
oder war es ich selbst
ich Sterblicher
der aus dem Buschrausch mich lieblich betörte?
Es wäre unsäglich.

Überstimme mich mit deinem unvergänglichen
immer verhüllten Ichbinda
damit ich mir vergehe
und für dich stehen kann
im peinlichen Zustand meines Volkes.

ALS ICH DIE WILDTAUBE IM GARTEN HÖRTE

Die Wildtaube
ist keine Plage
und hat gesunde Füße.

Auch der Wildmensch
ist keine Plage,
er plagt sich ab ohne Artenschutz
und hat keine gesunden Füße mehr.

Aber ich Gezähmter
und fußlos Gezüchteter,
ich Aufundniederflatternder
im verstädterten Riesenkäfig –
bin ich nicht die allgemeine Selbstplage?

SINN?

Wilder Hanggarten
kostest mich Zähmungsmühsal –
für wen? Mich? Dich? Gott?

BÄUERLICH

Immer blühen
in meinem Hause
geschnittene Blumen
bunte Bauernblüten
ins Wasser gepflanzt
von deiner unermüdlichen Hand.

DER GARTEN
in Variationen

I
Bevor der Mensch
sich eine Wohnung sucht,
begehre er einen Garten -
und es wird ihm gewährt.

II
Der Garten ist die Domäne der Frau,
in welcher der Mann
zu dienen versteht –
Herr unter der Herrin,
Verstärkung ihrer grabenden pflanzenden
alles bewässernden Hand.

III
Der Garten ist ein großes Gehege
mit einer verborgenen Tür in Blau,
ein heiliger Hag voller Rosen.

IV
Wir Neulinge, wir Spätlinge
haben, kaum angekommen,
im Herbststurm, umwirbelt vom
frühen Gestöber des Schnees
bei einbrechender Nacht rasch noch
in die Erde gebettet die Scheintoten,
die Mütter künftiger Blumen –
und siehe, jetzt eingewohnt im
Haus unsres ersten Sommers
sahen wir sie wie ein Wunder der Treue
auferstehen:
die Schneeglöckchen und Märzenbecher
im bleichen Hemdchen,
die Osterglocken baumelnd und bimmelnd,
die errötenden Tulpenmädchen,
die schwärmerisch duftenden

Hyazinthen der Eitelkeit
und die adligen, die geistlichen
Lilien im violetten Gespreiz,
ringsum in der Wiese aber steht
das von niemand gepflanzte Fußvolk,
das waffenlose Heer der Margeriten.

V
Der Garten wird wild,
wenn er nicht zeitig und scharf
beschnitten wird –
Gleichnis für den Schmerz der Erziehung
durch die Weisheit der nüchternen Liebe.
Nichts geht verloren.
Schon in vier Jahren
ist der riesige Abfall des Todes
jungfräuliche Erde.

VI
Teile die Fülle der Beeren
mit Vögeln und Nachbarn,
es gibt ja ein ungeschriebenes Anrecht
der Nichtbesitzer, und sie sind
die Düngenden, Segnenden.
Nutze nicht alles dem Anbau.
Opfre nicht alles der Furche, der Habgier.
Laß Raum für das Spiel der Kinder,
für Meditation und Mandala,
für die nächtliche Neigung der Nymphen.
Während du ruhst,
macht das meiste der wachsende Mond.

VII
Sammle das Wasser des Regens in Tonnen -
dies ist der einzige Vorrat, der dem Menschen erlaubt ist
für das tägliche Brot.

VIII
Baut euch aus Steinen eine Spirale,
die aufsteigt unter der allseits scheinenden Sonne,
und bepflanzt die via sacra
mit heilenden Kräutern.

IX
Baut euch im Garten
ein Häuschen aus einfachem Holz,
damit eure Würde nicht nur bestehe
im Graben und Pflanzen und Jäten,
sondern genau so
im Ruhen und Schauen und Feiern.

X
Im Garten erntest du
die Früchte des Fleißes der Vorfahren
und ihre Sünden.
Du wirst, zu Erde geworden,
dasselbe doppelte Erbe,
Frucht und Fehler
denen vermachen, die nach dir
eintreten werden
durch die blaue verborgene Tür.

XI
Freut euch, ihr Stadtbewohner,
die ihr wohnt zwischen Kaminen und Giebeln,
vor zahllosen Fenstern, Antennen und Leuchten,
im Lärm der Handwerker des Tags
und der Betrunknen des Nachts
über dem Rausch der Motoren –
freut euch über den Garten,
der euch draußen jenseits des Bahnhofs gewährt wird.
Denn die Stadt entspringt dem Garten
und der Garten heilt jede Stadt,
so wie am Anfang der Schrift ein Eden,
am Ende die heilige Stadt steht,
in deren Straßen die Blumen des Lebens blühen
zur Genesung der Völker.

XII
Und nun schau:
für die Zeit der willkommenen Sichel
hab ich uns
hinter dem rankenden Wildwein
versteckt errichtet
das von den Alten überkommene
schmiedeeiserne Grabkreuz.
Ihr Kinder und Kindeskinder,
pflanzt es einst am rechten Ort –
falls es in falschen Zeiten rechte Orte noch gibt –
pflanzt es auf unser Herz,
nach Osten gewandt
in Richtung des fernen leeren Gartengrabes,
wo Magdalena dem Gärtner begegnet war.

XIII
Und nun meine Freundin,
suche den Sänger des Gartens
und laß dich finden von ihm,
daß wir uns bergen in der Hütte
bei den Weinstöcken
und miteinander spielen und herzen und schlafen
in trunkener Nacht,
schau, der Flieder ist längst schon verblüht
und auch Hollerdolden und Buschwindröschen
sind alt geworden, es ist hohe Zeit –
wer weiß, bald kommt
der große Abraumbagger,
der Platz schafft für irgendein
Hochhaushotel oder ein
Megabankhaus aus Stahl –
komm, laß uns die Sommernacht nutzen,
öffne die blaue verborgene Tür
für die lieblichen Zwillingsgazellen
und für das scheue, das keusche,
das mutige Einhorn.

HANGGARTEN NACH SÜDEN

so ganz dem Himmel hingegeben
ohne Vorbehalt gegen Strahlen und Güsse
wie ein Rastplatz für Allvater Zeus
hingebreitet und geöffnet
eine heilige Prostitution
ganz Empfänglichkeit und Begierde
unentwegt darbringend die hervorbrechenden Blüten
freudig darbietend die hervorquellenden Früchte
erschöpft unter der Glut der Sonne
bedeckt von der Mondnacht und Küssen des Taus
das langlockige Haupt geborgen
      unter zwei mächtigen Eichen
aber der rechte Arm verletzt
      vom Einschnitt eines Hunde-Zaunes
die linke Brust bewehrt
      vom Medaillon der Kräutersteinspirale
und geschmückt vom weißen Wasserrosenorden
in der Mitte der schlangenlabyrinthisch schöne Nabel
das heimliche Gartentor drunten
      nur zu öffen vom Einhorn des Waldes
und weit draußen die Füße benetzt vom Quellbach
der durch das Lustgeschrei der Schafwiese rinnt –
in Semiramis dürfen die Liebhaber zu Gaste
      und Gast-Arbeiter sein

MARIAE GEBURT

Mariae Geburt
fliegen die Schwalben furt.

Fortfliegen die heitern sonnigen Zeiten
der Frohsinn am See
die Arbeit, Feier, Familie.

Der Winter naht
mit Panzern aus Eis
mit Schauern aus Hagel
und Invasionen aus Schnee
und Fall-out aus giftigen Wolken.

Klug, der die jetzigen späten Zeiten noch nutzt
zum Flug in wärmere Orte.
Klug, wer die letzten grünen Stätten noch weiß.

Aber das neugeborene Kind Marias
bleibt hier
und wächst hinein in den Winter
und blüht in der waffenstarrenden Höhle des Todes
für einen, der später kommt
und überwinterten Samen
sammelt und sät
von Geburt zu Geburt

für die Schwalben,
die uns nicht mehr kommen
sondern den Nachgeborenen,
Neugeborenen, Wiedergeborenen.

STAUBKORN

Daß Du o Gott
den Menschen das Staubkorn
auf Deine Hand legst
und sagst
ich liebe dich –
das wundert mich
und läßt mich zu dem Grashalm
in meines Nachbarn Garten sprechen
ich liebe dich.

SOMMERNEIGE

Sämtliche Sonnen des Feldes
haben ihre Blütenhäupter gesenkt –
abertausend Abbilder des abendlichen,
des göttlichen Zentralgestirns.
Übersah ich bis jetzt,
daß der Sommer zur Neige geht?
Schau, wie Anbeterinnen neigen sie sich,
ein altschwarzer Nonnenchor
beim Gloria patri.
Und sie haben sich doch nur,
als es Zeit war,
von oben nach unten gewendet
wie das reife Kind vor seiner Geburt,
um den Samen tropfen zu lassen
auf die Mutter, die Erde,
das fruchtbare Bett der Sonne.
Aber aufgefangen wird ja alles
von der fressenden schnaubenden staubenden
Erntemaschine.

Und doch will auch ich verhinderter Mönch
neigen meinen früher so steifen Nacken
zu einem frühherbstlichen
Gloria Matri.

FRAUENSEPTEMBERGARTEN

Wenn hinterm Haus
noch ein Garten war
und sich noch eine Hand fand
die für den September
Blumen geplant hatte
und wenn die Tag- und Nachtgleiche
war im Nebel herbeigeschwommen
und die Frauenhand wählte und schnitt
und sammelte die Farben
und setzte alle Vasen aus
in schier allen Räumen des Hauses
und stiftete die Monstranzen
des verglühten Sommers ein

und es kam Augenbesuch dazu
von weither –

welch glückliche Zufälle
in den Wüsten des Weltalls!

DIESER BLUMENSTRAUSS

sprühende Feuerblumen
blühende Flammenwelt
verglühende Farbenzeit
müde gewordene Freuden

ich spreche nicht aus die unsterblichen Namen
eures botanischen Wesens
eure grünewaldischen Ekstasen
eure spätbarocken Ranken

um nicht zu stören euer lebendiges Sterben
euer feierliches Welken im Abendrot
ihr uns aufrecht Geneigten
im geöffneten gläsernen Sarg

FRÄNKISCHER ELFTER SEPTEMBER

So webt sich jedes Jahr das Feld bei deiner Herbstgeburt:
Die Aster und die Zinnie dankt der Sonnenfrau
    mit Echofarben.
Marias Schwalbensegler sind schon seit drei Tagen fort.
Die Spatzen stopfen sich mit fetten Körnern voll,
    bevor sie darben.

Der Acker öffnet sich zur wunderbaren Brotvermehrung,
sein welkes Kraut verbrennt in Weihrauchschwaden
    mit dem Abendlichte.
Die Sonnenblumen neigen sich gen Westen zur Verehrung.
Der Garten opfert seiner Pflegerin
    die letzten prallen Früchte.

In Chile hofft das Volk die heiß ersehnte Frucht zu ernten
des Unschuldsblutes, das auf Straßen
    und in Kellern ausgesät,
bevor wir Vielverwöhnten, was die Freiheit ist, verlernten.
Die güldne Himmelsuhr der Neugeburt gemahnt:
    es ist schon spät!

SEPTEMBER

Ist es nur der Herbst
der die Wipfel leert
oder schon der Tod?
Ist es nur der Herbst,
der die Blätter welkt
oder schon der Tod?
Erst im Frühjahr
wird man sehn
War es nur der Herbst
oder schon der Tod.
War's die heiße Sommerzeit
oder die eisige Herzenszeit
die die Wipfel leert
und die Blätter welkt
und die Rinde schält
und die Wunden harzt
und die Wurzeln säuert.
Wenn der Frühling erwacht
gibt's wohl ein böses Erwachen.
War's aber nur der Herbst
und war es nicht der Tod
so fürcht' ich werden die Herzen
in ihrem Winter verharren.

NEUE SEPTEMBER

Das sind Tage jetzt
die nie wiederkommen
herbstliche Erfüllungen
Früchte über Früchte ganz in Gold
in den scharfen Schatten einer tiefen Abendsonne
Lichtschein einer neuen Art Natur
Tage die nur überboten würden
von der Strahlung eines Lichtes ungesehner Welten
der verlornen Heimat.

GÄNSESCHREIE IM NACHBARGARTEN

reißen Erinnerungen hoch
aus verlorener Kindheit in einsamer Mühle
kurz vor Ausbruch des Gewitters

machen die Ängste wach
die mich mit allen Kreaturen verbinden
Erregungen klingen nicht schön

warnen uns vor kapitolinischen Gefahren
als sei es nicht schon zu spät
aber die Reflexe, sie stimmen noch.
Nein, schön ist es nicht das plötzliche Gekreische
aber erstaunlich, dass sie immer gemeinsam
schreien, gemeinsam schweigen.

Wissen möchte ich, ob sie wissen
daß jetzt am Ende des Sommers
anstelle des großen Fluges

der kurze Tod kommt.
Es entkommt ihrer komischen Gurgel
so erbärmlich, so rührend.

ES STÜRZTE EIN SAME IN DIE ERDE

Es stürzte
ein Same in die Erde
und es schoß
die Explosion eines Strauches hervor –
Gewalt der Fruchtbarkeit,
doch im Zeitlupentempo.
Schnell
ist das Feuerwerk des Bösen,
langsam
der Aufstieg des Weinstocks.
Dem Dieb eilt es.
Hoffnung hat Zeit.
Freude
ist Vorfreude.

EINUNDDREISSIG OKTOBER-HAIKUS

1
Der Acker ruht schon –
Die Wintersaat schon im Bauch.
Aber das Deutschland?

2
Schau! Die Zugvögel!
Ich aber irre umher
in meinem Falschland.

3
Die Himbeeren sind
erst im Herbst reif geworden.
Spätlinge wie ich.

4
Auch die Seerose
schafft es nur bis zur Knospe.
Blühzeit ist vorbei.

5
Dahlien, die Damen,
sind mit ihrer Frostphobie
ein Verehrerfrust.

6
Die Frau klagt im Herbst
über die viele Arbeit
und freut sich frühlings.

7
Ein leichter Nachtfrost
macht die Dahlien zu Leichen.
Der Humusberg wächst.

8
Jetzt fröstelt alles.
Wie war der Sommer so heiß!
Wärmt das Gedenken?

9
Flammend geht unter
kalt glühender Horizont
so schön, so furchtbar!

10
Was ich im Frühjahr
an Steinen zusammentrug,
verwerf' ich im Herbst.

11
Ich mache Tiere
aus Kastanien und Hölzchen,
verspielt wie ein Gott.

12
Täglich ernten wir
unser Biomassengrab.
Erde zu Erde.

13
Apokalyptisch
die Mitgift der Zugvögel:
die Vogelgrippe.

14
Am Feld steht der Mond,
nackt, und ich darf das sehen
ohne Beschämung!

15
Mäuse im Häuschen!
Soll man Fallen aufstellen?
Nur wer ärmer ist.

16
Oktoberrosen
verschieben wehrhaft das Los
der Blattverblutung.

17
Keine Nachtnebel!
Mars errötend in Rüstung,
Venus bloßbusig.

18
Nach dem Nachtfrost stand
der Bergahorn in Flammen,
wie vom Schock verfärbt.

19
Nichts bleibt, wie es ist.
Herbstzeit ist Verwandlungszeit.
Ich passe mich an.

20
Das Gartengerät
wird gereinigt. Für immer?
Für meine Erben.

21
Zusammenrollen
möchte sich das Labyrinth
zum Schlaftierknäuel.

22
Der schönste Eichbaum
wird seiner Kleider beraubt
wie auf Golgota.

23
Wirbelsturmserien!
Gaia bebt und Tetis wallt.
Urchaospanik!

24
Die Essigbäumchen,
die hässlichen Schnellkommer,
sind erst im Herbst schön.

25
Ein letztes Mal ein
Oktobersonnentempel?
Wie begeht man ihn?

26
Einwilligung in
die Spätschönheit des Alterns.
Der Wald lebt es vor.

27
Ich bin geboren
als Neuen Testamentes
herbstzeitloses Blatt.

28
Es will jetzt sterben,
das Gartenlebewesen.
Ich bette es ein.

29
Herbst ohne Regen.
Man genießt die gold'ne Zeit –
die Katastrophe.

30
Wir stellen die Uhr um.
Eine Stunde gewonnen?
Wo eh alles weicht.

31
Letzter Oktober.
Der Schwarzspecht hämmert seine
Thesen ins Totholz.

KAIN UND ABEL
(ein Heroengedicht)

Am kalten Fett der Furchen klebt das Abendlicht,
wo in dem Dauerlärm des Traktors jede Scholle bricht.
Zutage tritt die Scherbe aus der Altsteinzeit
doch niemand sieht die Warnungen der Kleinigkeit.
Nur der Fasan stürzt schreiend in die Luft.
Da riech' ich auch den scharfen Brandstattduft
und sehe Mannschaftswagen an den Ackerrain gelenkt:
"Steigt ein und streift die Erde ab,
       die euch am Schuhwerk hängt!"'

HERBST

Der Gott des Landes
ist verliebt in euch,
verdreht die Augen
permanent nach euch,
wie wollt ihr sonst
die Pracht des Waldes deuten,
die Felderfärbung
und die Hügelwallung?
Könnt ihr die Linienschrift
der Horizontbewegung
denn nicht lesen,
laßt ihr euch nicht umwerben
von der Allseitstreue
dieses klaren Himmels?
Begreift ihr nicht:
ihr seid verloren
und jeder Meter Boden im Quadrat
glüht unter euren Füßen
im unhörbaren Liebeskampf.
Ergebt euch,
denn der Gott des Landes
hat schon längst gewonnen,
selbst wenn der Winter
vor der Tür.

GOLDNER OKTOBER

Das sind Tage,
wo die Sonnenwinde sich im Kristallstrom
    des Thrones reinigen,
wo durch den Apfelgarten der Goldstaub der Heiligen weht,
wo die Gräser diamantenhart schwanken und doch
die fallende Frucht sehr weich empfangen,
wo die letzten Zugvögel sich sammeln
in großen Gemeinschaftskurven
der einzuübenden Sehnsucht.

Die Kastanienigel hüpfen und platzen vor Öffnungsfreude
und die gelben Propellerblätter segeln selig
zur Landung in den Mutterschoß Erde.
Denn was sich gelöst hat,
kann sich verwandeln.

Das sind Tage,
wo alles bedeutsam wird wie bei Schizophrenen:
der Aufflug der silbernen Tauben,
der ekstatische Schrei der Gänse im Garten.
Selbst der plumpe Bagger,
der den Graben für die Verkabelung des Unsinns löffelt,
selbst sein treuherziges Brummen ist
Zeichen des Lebens und könnte
ohne die Liebe nicht wirken.

In der glasklaren Luft finden Dinge und Menschen
exakte Konturen und sind doch füreinander
ganz durchsichtig geworden.
Alle Linien laufen frei ineinander
ohne sich zu berühren,
die Horizonte sind superklar abgegrenzt
und vereinigen alles mit jedem.
Wir eilen bestürzt und beflügelt durch unsre Geschäfte
und sind doch nicht zuhause
    in unserm fleißigen Alltagsgewissen.

Das schwere Herz wird leicht,
das leichte schwer: wir lieben.
Da ist keine Sommerschwüle mehr,
    kein drohendes Wolkengehänge.
Das sind Tage,
da sind wir sehr frei und kühl und licht und wahr,
berührt vom Golfstrom einer andern Welt,
und bereit, glücklich hinüberzusterben.

„DER MENSCH IST DA!"

Jäh jäh bist du entlarvt
beim Eintritt in den stillen Wald
wenn der Eichelhäher dich erspäht
und verschreit und brandmarkt
als Eindringling als Störenfried
als Paradiesverderber.

Nicht daß er nur die Welt des Waldes warnt
vor deiner frevelhaften Schrittgewalt –
er warnt dich vor dir selbst
und weckt dich auf aus deiner Würdelosigkeit
und macht dich achtsam, scheu, bescheiden.

Mit seinem scheußlichen Geschrei
verklagt er dich beim Hochgericht.
Das rettet dich, wenn du bereust.

Und daß der ärgerliche braune Späher
verkappt ein Paradiesesvogel ist –
das siehst du an dem Zeichen
das er manchmal dir zugute fallen läßt:
die kleine blaue Feder seines Seitenschmuckes.

SCHAUDER

Wer hat noch wie in Kindertagen
Gehör und Furcht und Ehrfurcht
für das ferne Geschrei der heiseren Gänse
der alarmierten schlachtreifen Propheten
die seit uralten Zeiten bis jetzt
Kapitole gerettet hätten?

DAS GROSSE LEBEWESEN

Nun habe ich es besänftigt und gezähmt
habe ihm die gehorteten Früchte abgenommen
das Haar radikal gekürzt
das warme Fell durchharkt
und ihm am letzten Abend des Herbstes
ein Winterlager bereitet mit Tannenreisig und Laub.
Schon fielen ihm die Augenlider zu
sein tiefes Schnarchen hatte noch nicht begonnen
da schnalzte jemand mit den Fingern
und die kalten dunklen Wolken kamen und fingen an,
ihm eine dünne weiße Decke zu häkeln.
Ich verschloß die Pforte
und nun warte ich auf das Erwachen deiner Kraft
du mein mir vertrauter Garten.

STETER HERRSCHAFTSWECHSEL

Rasch zeigt der junge Frühlingsprinz
    sein Blumenwechselkleid.
Dann herrscht des Sommerkönigs
    lange große Sonnenzeit.
Er wird entthront vom Heerfürst Herbst,
    der rafft und fegt und räumt.
Anarchisch sinkt die Welt ins lange Wintergrab
    und träumt.

Wir schlagen neue Augen auf
und sehen uns zum ersten Mal

LIEBESZEITEN

ZETTEL AN DER HAUSTÜR

Der Windhauch meines Gehens
und deines Kommens
überwellt sich.
Auf der Klinke legt sich
dein Fingerabdruck über den meinen.
Mond und Sonne kreuzen ihre Bahnen
bis die nächste Finsternis im Kosmos kommt
und die beiden sich
ihr Beilager bereiten.
Möge dir und mir
ein Wiedersehn gewährt sein
noch in dieser und
in einer andren Welt:
wir schlagen neue Augen auf
und sehen uns zum ersten Mal.

NEUNUNDZWANZIGSTER SEPTEMBER

Herbstengeltag
Schutzmacht im Abschied
Kennerin meines ungeflügelten Leibes
Störenfried auch
heilsamer
wer sandte die Post
wer wählte aus
den Tag der Begegnung
von Frau und Mann
und verriet im Schonen
das Blatt unserer Verwundbarkeit
beim Sturz der ererbten Dämonen
brachte Ruhe und Streit
Unfriede und Erquickung
und immer neu
Licht im Trüben
und auf Wiedersehen Kinder
und wer ist wie Gott?

FAST

Er war ein Mann
und sie eine Frau
und schon dies fast genügte
doch sie wußten's nicht genau.

Sie war das Maß
und er war der Stab
und sie mischten ihr Leben
gespannt was das ergab.

Er hatte Bücher
sie hatte Freunde
bis eines jeden Mangel
beides vereinte.

Doch die Umstände forderten
einen größeren Kopf:
es roch das Private
wie der Tod im Topf.

Die Zeiten wurden größer
und sie liefen hinaus
und erklommen Barrikaden
doch die Kinder schrien zu Haus.

Und als sie es hörten
da schauten sie sich an:
zurück oder vorwärts?
Das Leben war vertan.

Doch sie war eine Frau
und er war ein Mann
und schon dies fast genügte
und sie fingen noch mal an.

LUCIA VON ORLEANS

Kleine feste Bauernhände
eines Mädchens ohne Fahne
können feige Führer fassen
und ein scheues Volk ermuntern.

Stolz und Geltung und dergleichen
das sind ihre Kräfte nicht.
Leidenschaft kommt aus dem Leiden
einer eignen alten Wunde.

Unverwundbar? Nein verletzlich.
Das ist besser als ein Sieg.
Denn ein Sieg der will Besiegte.
Schaut, die Biene siegt und stirbt.

Seht das Grabmal eines Paares:
Lächelnd steht sie an der Seite
ihres neunmalklugen Ritters
und verschweigt ihr Führertum.

GESUCH

König
du gabst mir diese Frau
ich sollte ihrer Schönheit dienen
ihre Gaben hüten –
Großes hast du mir damit gewährt
Größeres erbitt ich nun
nachdem ich Tieferes entdeckte
ihre Leiden.
Mach mich
das bitte ich
zum Wächter ihrer Wunde
gib mir den Schlüssel
zum Gefängnis ihrer Seele
laß mich mit ihr
das unterste Gemach
das innerste Geheimnis
ihrer Schmerzen teilen
daß meinen Schild
ich über sie erhebe
mit letzter Kraft sie schütze
gegen ihre eignen Pfeile
die aus der Spannung ihres Herzens
schießen, umkehren an der Kerkerwand
und in sie selber dringen.
Gib König mir
das Privileg der Nähe
die Vollmacht dieses Dienstes
denn ich vermag's
aus eignen Stücken nicht
bin selbst verletzt
und voller Ungeschick
nur daß ich's sah
und daß ich's will
und daß ich litt
mag mich für diesen Dienst
ein wenig würdig machen.

EMANZIPATION DES MANNES

Die Freiheit tut sich vor mir auf
als eine ungeahnte Fremde.
Es klopft das Herz mir
beim Betreten jener Schwelle
von jetzt zu dann.
Ich fühle beim Verlassen meines Hauses
Schuld.
Verflochten bin ich mit der ersten Liebe
und spüre doch den Ruf der Wahrheit,
der ich mich noch schulde,
die tief in mir wie sehr weit draußen
ganz dieselbe ist.
Fast ist es wie beim Eingehn
in die Arme einer fremden Frau
so fern, so nah
so unerforscht mein Innerstes und Äußerstes.
Wie lebte ich bis jetzt
ganz im Gehäuse meiner Uhr
und meiner Zeit
und stand nie still
und stieg nie aus
und hatte keinen zweiten Raum.
Mein Zufluchtsort war unbereitet,
und unbehaust die Seele,
die die zweite Pflicht hat
zum Alleinsein und zum Freisein.
Löse dich, entziehe dich für Zeiten
aus dem Gefängnis deiner Gegenwart,
aus der Verschwisterung des ersten Bildes
und hol die Freiheit deiner Zukunft ein
und nenn's nicht treulos
sondern wahr.
Und was du in dem zweiten Haus wirst finden
ist deine Morgengabe für den Tag
der Rückkehr in die erste Liebe,
die sich erweitern wird.

Denn du bringst Freude mit
und Zartheit, Tanz und Lieder
fremder Länder, neuer Farben.

ZWISCHENRAUM

Mit zunehmenden Entfernungen
nehmen die Verletzungen ab.
Verbundene Wunden pflegen zu verbinden.
Aber die Entfernungen
entfernen nicht nur den Fremdkörper
sondern auch den Nahkörper.

Mit zunehmenden Entfernungen
nimmt die Bedeutung der Zwischenboten zu:
Kinder, Rosen
oder auch Papier wie dieses.
Gedichte sind nicht dicht
sondern nur Papier und Wind
flatternd im Zwischenraum
zwischen
mir
und
dir.

AN DIE EMANZIPIERTE

Weib,
da du so verwundet bist,
würdest du verwildern
wie eine Katze,
wenn da nicht der Garten wäre,
welchen du betreust.

Doch Weib,
verwende deine Wunden auch,
die Duckmäuser zu wecken,
die im Dunkeln wühlen.
Bleibe wild,
damit du uns erneust.

DIE LASTENTRÄGERIN

Jetzt schläft sie
von der Lust getragen.
Die Herrin, die Sklavin im Haus
sie ruht.
Niedergelegt das Haupt
ausgebreitet das Kreuz
gelockert das Mieder.
Auch die kleinen Fäuste
die kriegerischen entspannen.
Nur im Werkraum der Basis
atmet es auf und nieder.
Das Säulenpaar ist aufgelöst
und das große Längsgewölbe
streckt sich frei.
Des Fußes Spitze
zeigt zum offenen Fenster –
ziehe schwimme fliege
langsam hinaus
und komm wieder
Meisterin des Hauses!

KEINE EIFERSUCHT AUF DEN FREMDLING

Der Fremdling
ist ein grau gewordener
geschiedener
Volkswagen fahrender Mann
kommt unangemeldet auf den Hof
die Freundin seiner Jugend zu besuchen
begrüßt flüchtig ihren Mann ihre Kinder
schüttelt ihr den Apfelbaum
spült das Geschirr
spaltet das Holz
geht auch aus Anstand mit zur Abendmesse
kritisiert nichts
lobt nichts
lacht nicht
weint nicht
und ist am frühen Morgen
grußlos verschwunden.

Sein Bett hinterläßt er geordnet
aber das Haus steht in Flammen.

RÄTSEL
(nach einem wachen Mittagsschlaf)

Sie geht mit der Sonne auf
und wandert mit dem Mondenlauf,
ist mittags eine Himmelsmacht,
steht im Zenit um Mitternacht.

Wenn sie stark ist, hat sie Eile,
wird sie stärker, hat sie Weile.
Ist sie langsam, nimmt sie zu,
hat am Ziel noch keine Ruh.

Schießt am Himmel ihre Strahlen,
läßt im Herzen Bilder malen,
wohnt im tiefsten Erdenschoß,
bindet alle Winde los,

ist das Band, das alles bindet,
hält nicht fest das, was sie findet,
Arm wie eine Kirchenmaus,
geht ihr nie der Vorrat aus.

WIR ZWEI

Ich gehe an dir vorüber
und geh' nicht an dir vorbei
ich bleibe an dir hängen
gedankenverloren für zwei.

Ich schlafe neben dir ein
zu anderer Zeit als du
und doch verschlafe ich nicht
die uns beiden gegebene Ruh.

Ich denke durch dich hindurch
und weit über mich hinaus
und komme nicht weiter als du
mich berührst in unserem Haus.

Ich spreche mit dir im Traum
als wärst du ein Stück von mir
und sind doch so weit getrennt
wie das Schwarze Meer von hier.

Wir gehn aufeinander zu
und schauen an uns vorbei
ein jedes sucht sein Bild
doch der Spiegel ist längst schon entzwei.

So kommt jetzt die Zeit des Erwachens
eines jeden aus seinem Traum.
Wir sehen uns in der Wahrheit –
so sahen wir uns noch kaum.

Aus einem goldenen Wagen
schaut ein grausilbern Pärchen heraus
der Wagen heißt Wunschlos und fährt sie
aus verwunschener Welt nachhaus.

ATLANTIKA

Wenn du auch übermächtig bist
Meer unruhiges Wesen
du legst mir deine Wellen sanft
und sanfter zu Füßen.

Wenn du auch tödlich stark bist
Sonne allbeherrschende Stirn
du läßt mir den Schatten von
Wolken und Bäumen.

Wenn ihr auch alles hinwegfegen könntet
Winde willkürliche Mächte
ihr zähmt euch ins menschliche
Segel und Maß.

Wenn du unerreichbare Frau auch
jede Szene beherrschest
barfüßig folgst du doch manchmal meiner
schüchternen Blöße.

Wer bin ich daß ihr euch so
willig herab neigt Götter auf meine
kleine Kraft und mich zu eurem
Partner erhebt.

Welcher mächtige Meister ist wohl
hinter allem Geschehen und Wehen
der verschwistert verwebt vereint
Großes und Kleines.

UMWEG INS WEITE

Weit weg gehen von ihr
um sie besser sehen zu können
mein Bild von ihr soll verblassen
das Eingeprägte soll verwehen
verwesen das Eingefleischte
Wunden wollen sich schließen.

Großer Abstand
großes Vertrauen
das große Loslassen.

Haß ist nötig
um die Liebe zu finden
die verlorene, verbrauchte
die in die Räder der Rituale
geratene.

Flieh, meine Liebe, flieh
du immer überlebende
flieh mit gebrochenen Flügeln
fort in die Ferne
früh genug kehrst du zurück
du kannst ja doch nicht
für immer entrinnen
das Eingravierte holt dich ein.

Inzwischen
erhole dich in der Fremde.
Vertraute Nähe
macht dich zunicht.

SCHUHE

Vor meinem breiten Bette
stehn noch ihre kleinen Schuhe
bedeutungsvoll als hätte
jeder Schritt die ewige Ruhe.
Die Kerze liegt noch umgestürzt.
Die Zeit hat sich geschürzt.

Als ich auf meinem Lager
Schlafestiefe überwunden
da war sie schon dem Frager
tagwärts barfüßig entschwunden.
Die Schuhe stehen unbenutzt
nur von der Luft geputzt.

Vor meinem Bett verweilen
stille ihre kleinen Schuhe.
Zu spät, ihr nach zu eilen.
Panik packt mich und Unruhe.
Ich bin im Innersten bestürzt
daß sich die Zeit so kürzt.

DREISSIG JAHRE EHE

Wenn die Liebe in die Jahre kommt
nimmt sie die unsterbliche Gestalt
alltäglicher Gewohnheit an –

und man soll nicht meinen
dies sei schlimm
ist es doch vielmehr
dem goldnen Bernstein gleich
der aus Flüssigharz geworden ist
und das Zufallszeichen eines Skarabäus
in sich schließt
das erst andre Welten einer andren Liebe
zu entziffern und beleben wissen.

ER SEGNETE SIE UND SPRACH

„Seid nun fruchtbar im Geist
ohne Materie zu mehren.
Füllet die Erde ganz
mit der Macht meines Himmels.

Und vereinigt euch so,
daß ihr euch nicht vermengt.
Verschenkt euch einander so,
daß ein jedes sich findet
und keinen Anspruch erhebt,
vom andern gestillt zu werden.
Bindet euch freiwillig so,
daß ihr euch nicht verstrickt,
sondern einander befreit
zum eigenen Tod und Leben.

Wo Zwei sind Eins geworden,
sind sie mit Tausend versöhnt.
Drum minnet einander so wahr,
daß ihr die Vielen meint
und eure Ausschließlichkeit
alle andern mit einschließt.

Verkehrt miteinander so,
daß ihr euch jungfräulich macht.
Seid einander Geliebte
und bekennt es so rein,
daß die verbrauchte Sprache
der Prostitution entkommt.

Habt so, als hättet ihr nicht,
denn jedes hat alles in sich.
So spiegelt sich, was Ich bin
in eurem Wesen und Sein
und jedermann kann es erkennen,
daß Ihr die Meinen seid,

wenn nun in eurer Liebe
die Liebe selbst geliebt wird."

So segnete Er und schwieg
und siehe, es war sehr gut.

WILLKOMMEN

Lang noch war unser See
ein einziger Eisblock
inmitten von schüchternem Grün
ins Stocken geraten wartend.

Mit der Rückkehr der Entschwundnen,
der Braut aus Salomos Gärten
dringt der Frühling heran
eindeutig endgültig hell
fängt uns neu an die Zeit
so wie noch nie
sehr große Freude!

LIEBEN KÖNNEN

Der große Krieg war vorbei,
da stellt sich der Schade heraus.
Dem wohl gerüsteten Krieger
war die Brust mit dem Panzer verwachsen,
unheilvoll schmerzlos verwoben
in all den Jahre der Not,
da er die Rüstung nie abnahm,
zu keiner Tages- und Nachtzeit,
nicht sommers, nicht winters, nie.

Da geht der Mann auf den Berg,
wo ein Mönch den Krieg überlebte
und weckt ihn tief in der Nacht
und bittet ihn: lehre mich, Bruder!
Wie wird das Herz verwundbar?
Ich weiß, es geht mir zugrunde,
wenn es nicht lieben kann.

Der Alte betastet den Krieger.
Spricht dann: dein Schade ist groß,
größer als daß ich wüßte,
wie ich dir helfen kann.
Doch wisse: daß dir der Wunsch
so stark im Herzen erwacht ist,
ist schon ein göttliches Zeichen.
Nur wer so wünscht wie du,
hat schon das, was er will.

Nein, spricht der eiserne Krieger.
Ich verduste an meinem Wunsch.
Drauf der Alte nach langer Besinnung:
Gehe sofort nach Hause,
aber geh auf der anderen Seite
weglos den Berg hinab.
Dort wird morgen gejagt.
Der König ist schon gekommen.

Die Hörner haben's gerufen.
Geh aufrechten Hauptes hinab,
überquere harmlos die Lichtung,
geh durch den Hagel der Pfeile.
Wenn dich zur selben Sekunde
drei Pfeile am Herzpunkt treffen,
der Pfeil eines Kindes,
der Pfeil einer Frau,
der Pfeil des Königs selbst,
dann wird dein Panzer durchstrahlt.

Mit wenig Hoffnung ging
angesichts solchen Zufalls,
solch unwahrscheinlichen Unglücks
der Krieger verzweifelt hinab,
dem Rat des Alten folgend
hinab ins wilde Revier
und ward vom Himmel her dreifach
an selber Stelle getroffen
in ein und derselben Sekunde.
Der Panzer, punktiert, zerschmolz
im Feuer einer einzigen Wunde.

Angekommen zu Hause
stellte sich bald heraus,
die Wunde ist ewig unheilbar,
aber rein, ohne jegliches Gift.
Das Stigma der Liebe begann
für die Kinder der Erde,
die Frauen der Welt
und den König des Lebens.

WAS IST KEUSCHHEIT?

Den andern Menschen suchen
ohne sich selbst zu suchen.
Den andern Menschen nicht beflecken
mit den eigenen Wünschen.
Den andern Menschen berühren
wie er es will, nicht wie ich es will.
Die Hoheitszone des andern betreten
wenn er mich einläßt.
Auch sich selber keine Gewalt antun.
Nichts beanspruchen.
Ganz arm und frei bleiben
und durchsichtig werden.
Nichts mitbringen außer sich selbst.
Ja, nicht einmal das.
Nur da sein außerhalb des Selbst.
Beim andern sein im Dornbuschfeuer
des immer Daseienden selbst.
In Seiner Leidenschaft
kommunizieren mit vielen,
wenn möglich mit allen.
Keuschheit – Sprache des Geistes
in den Zeilen und Zellen des Geschlechts.
Wenn du weißt:
„wenn ich jetzt berührte,
dann käme Blut" –
und nicht berührst;
und wenn du weißt:
„was ich jetzt berühre,
das wird Gold" –
dann bist du
der Alchemie der Keuschheit kundig.

DAS GEWICHT DES HERZENS

wird erst spürbar
wenn der schwere Harnisch
abgeschmolzen ist.

Die Wunde des Herzens
brennt erst,
wenn sie behandelt wird.

Die Liebe kommt erst durch,
wenn sich die Verletzung
entgiftet hat.

Die Ausdehnung des Herzens
fängt erst an,
wenn die Liebe klein und konkret wird.

Jetzt erst ist unterscheidbar
das Gewicht des Panzers
vom Gewicht des Herzens

und dieses von der Schwere der Wunde
und diese von der Gewalt des Giftes
und diese vom Heilschmerz der Reue.

Schwerelos kommt der Ritter zu dir
schwangeren Herzens,
ungeschützt seine Brust.

BERÜHRUNGEN

Wenn
Mann Frau
berührt
geht man in die Irre
verliert sich in
unerklärliche Wüsten.
Spuren verweht der Wind
im Nu.
Die Hitze wechselt
ohne dämmrige Wärme
in kalte Nacht.
Ödipus wird gereizt
von der thebaischen Sphinx
und in der Sketis
sterben die Mönche zu Tausenden.

Wenn
Frau Mann
berührt
öffnen sich Wald und Weg.
Harte Binsen säumen
die Bodenverdichtung.
Dann kommt federnde Erde
zwischen bemoostem Gestein.
Es geht ins Dunkle
ohne Rücksicht auf Rehe.
Totes Gehölz bricht unter Sohlen.
Die verlassene Suhle daneben
ist uralt und frisch.
Nach Stunden taucht auf
der nicht erwartete Teich
mit dem tiefschwarzen Wasser.
Eisenhans schläft noch.

SCHWERES LIEBEN – LEICHTES DICHTEN

Vor den Fenstern klopft der Tag.
In meinem Herzen hämmert die Frag,
ob die Liebste mich noch mag.

Oh es ist schon spät auf der Uhr.
Doch von Greisenzeit keine Spur.
Unerschöpflich fließt die Tinktur,

atmet die willfährige Pachafrau,
erweckt den schlafenden großen Pfau,
will es nicht und bewirkt es genau.

Draußen hämmert schon der Tag.
Drinnen wie im heiligen Hag
schwingt der Herzen Klang und Schlag.

Gedichte machen ist nicht schwer.
Liebe machen schon viel eher.
Lieben macht Dichten – und umgekehr.

L.L.
Briefe schreiben
alleine bleiben
telefonieren
kommunizieren
partizipieren
praktizieren
marzipanieren
musizieren
meditieren
psalmodieren
palmolivieren
Kaffee und Kuchen
Sucht und suchen
graben und pflanzen
turnen und tanzen
meiden und minnen
scheiden und sinnen
leiden und scherzen
Samt und Seide
Amt und Eide
gewesen
genesen
vergessen
vermessen
gedenken
verschenken
sehnen
dehnen
wähnen
tränen
träumen
schäumen
schwanen
ahnen
sich grämen
sich schämen
sich kämmen
sich kümmern
schimmern

schmusen und kosen
fast fasten
Last lasten
Lust tasten
Frust lassen
küssen müssen
bedürfen dürfen
Wahrheit schürfen
Weisheit schlürfen
lesen und loosen und losen
einkaufen und auskaufen
die Kosten kosten
handeln und wandeln
wandern und wundern
sich schuppen und häuten
ernten und reuten
säen
zeugen
empfangen
gebären
säugen
hegen und hetzen
schmusen und schwätzen
verletzen
vernetzen
versöhnen
verwöhnen
gammeln
stammeln
glauben und hoffen und lieben
böse sein gut sein
Fehler machen Fehler korrigieren
absterben aufstehen
Ihn anbeten
dich verehren
IHM dir mir vertrauen
blind sein und schauen
alles ist eins.
D.D.

EHEMANN
(im Alter jenes Mönches,
der ein neues Kloster suchend
auf seine alte Zelle stieß)

DICH
wenn ich enkelkinderreicher Einsiedlerkrebs
vorwärts oder rückwärts verließe
im Überdruß deiner vertrauten Angewöhnung
in derselben Wohnung aller Alltagstage –
und ich gestehe: in unwiderstehlichen Gedanken
verlasse ich dich und strebe ins freie Nichts –
dann würde ich wandern und wandern
und an allerlei Stationen übernachten ohne zu überdenken
die Tage der gewesenen kommenden Zeiten
und würde schließlich ankommen
an einem aufregenden neuen Ort eines Menschen
von leiblich gereifter Schönheit
altrosafarbener Aura
gleichmäßig sprudelnden Geistes
älter und jünger als ich
erdnäher und menschennäher also gottnäher
als ich allzuversierter Alles- und Nichts-Kenner
und ich würde diese Frau erkennen
als ob ich sie schon lange erkannt hätte
obwohl ich sie verkannt hatte:
DICH.

BEFRIEDUNG

Mit 70 liegt da einer
bei einer 70 Jährigen,
und alte Liebe ist vertraut und angetraut.
Sie hat ihr schönstes Kleid, das helle,
das warme zarte weiche enge angelegt.
Auch er gibt sich in seiner bloßen Stofflichkeit.
Herbstliches Sonnenlicht beäugt in Milde
das morgendliche Lager.

Da zeigt es sich,
ein Bogen hat sich in den Jahren überdehnt.
Die Sehne ist geschlafft,
der Pfeil versagt sich
und fällt auf die Erde.
Es ist des Samens Abrahams genug gezeugt.

Ein sanfter Wind weht
in die leicht geblähten Segel,
das schwere Schiff steht still
und wiegt sich in den Wogen.

Da plötzlich
tritt der freche Tod heran
und höhnt den Mann:
Alter, du siehst,
auch du mußt jetzt versagen.
Jetzt kommt der Sold der Sünde.
Mach dich allmählich fertig,
du hast genug gefrevelt.
Dein Leib ist mir verpfändet.
Auf dein Gemächt
hab ich's besonders abgesehn.
Zehn Jahre noch und dir wird grauen
vor dem alten Madensack!

Nein! widersteht ihm da der Mann
von Frauenarmen gut umfangen.
Du lügst!
Wo Liebe ist,
gibt's keine Predigt über Sünde und Vergänglichkeit,
du falscher Theolog!

Im Frieden nüchtern
stehn die beiden Alten auf
zu einem neuen langen Tag
und richten sich verliebt ein Frühstück.

DIE BRIEFE

Im Erdbegräbnis
ruhen die Seelenbriefe
im Herzgedächtnis.

Bewusstheitsöffnung
bewirkte ihr Liebesdienst
Seinsveränderung.

Das findet kein Ende
drum grabe sie nur nicht aus
Herz und Erde.

KLEINE LIEBESAPOKALYPSE AM 29.09.03

Am Tag der Engel,
als der Drache stürzte
und die Jungfrau sich vermählte,
betrat ich nochmals kühn
die Unterwelt der großen Dame Venus,
wo die Meereswogen schäumen
und das Firmament sich unruhig spiegelt,
wo ich mich einst verloren hatte
und nunmehr wiederfand.

Alt geworden war die schöne Göttin,
die Lehrerin der Sinnenliebe,
und doch: im Dämmerschein der Höhle
erschien sie mir verklärt
im rosenblassen Inkarnat Elisabeths,
der Liebesmeisterin des Universums.

Der alte Papst im fernen Rom, im nahen Tod,
gestützt auf seinen dürren Stab
war höchst erstaunt, als er ihn grünen sah.
Er schaute mühsam auf zum reinen Abendstern
und sah, wie Leib in Leib und Herz in Herz zerfloss,
und sah in seinen eignen Tränen
den Tagesengel Michael erglänzen.

(Der Papst in seiner dunklen Kammer,
auch er war ich.)

DIE FRAU

Sie ist meine Wahl?
Sie ist meine Einwilligung.
Sie ist meine Einengung?
Sie ist meine Erdung.
Sie ist mein Verhängnis?
Sie ist mein ungewusstes Glück.
Sie fordert mich furchtbar heraus?
Sie fördert die Früchte herauf.
Und doch, ist sie nicht mein Inferno?
Sie ist mein Purgatorium,
wird zusehends mein Paradies.
Sie ist mein Leben,
der Tod des Ego.
Darum hab ich nie sonst
so gehasst und geliebt.

RELIGION

Inzwischen
im Lauf der Jahre
ist die Frau
fast unbemerkt
und unverhüllt
in mich gezogen
oder vielmehr
ich in sie
in der Länge der Umarmung
sind wir ein Guss geworden.

Die draußen
in der gespaltenen Doppelwelt
sagen nur:
Illusion!
Wir drinnen
im Vermählungsakt
sagen tausendfach nur:
ich bin du
du bist ich.

Verwirrt und glücklich
irre ich seitdem umher

LEBENSZEITEN

WIDERFAHRNIS IM ALTER

edelstein
den mir mein vater schliff
und meine mutter fassen ließ

ich muß nun bekennen
ecclesia die silberne fassung
hab ich verloren

fassungslos geworden
entschwand mir auch der
zuhanden geschliffene christus

aber dafür wächst mir
der strahlenkranz des gesteins
ins unbegrenzte

verwirrt und glücklich
irre ich seitdem umher
im all wie im nichts

ZIELE

Die Entfernungen
sind meistens größer
als man meint.
Immer neue Windungen
und vorher nicht gesehene Täler
kommen uns entgegen.

Manchmal aber
völlig unverhofft
steht vor uns bereits
das Ortsschild.

AHNENGEIST

Bin Handelsvertreter
und lege jährlich zurück
dreißigtausend KaEmm.

Heute an einem Einödhof
wie schon oft vorbeigefahren.
Ruft jemand mir nach:
„Hallo, hier stammst du her!"
und die Ahnung verfolgt mich
wie ein streunender Köter.

Elend der Kreatur Mensch:
des Menschen Kreatur zu sein.
Wie eine Lawine wächst
mit dem Ablauf der Zeit
so bildet sich
aus dem womöglichen Zucken der Wimper,
so entsteigt aus dem ungeschriebenen Wort
zwischen den Zeilen
Zweifel Furcht Zittern und Angst
und je mehr du vermeidest
zu lesen im Antlitz dessen,
der neben dir wohnt
umsomehr vervielfältigt sich
das finstere Labyrinth
der Seile der Menschenfurcht.

Doch schon ein gewöhnlicher Anruf
von wenigen telefonischen Einheiten
löst alle Schreckbilder auf.
Ein natürlicher Klang der Stimme
ein harmloses Wort
gibt dir zurück
den Aufstieg der Lerche
und du singst und du singst
das Lied der Freundschaft

und beschließest es
mit dem Refrain:
Elend der Kreatur Mensch:
des Menschen Kreatur zu sein.

MOVING

Der dingfest Gemachte wird abgeführt.
Der Möblierte folgt der Mobilmachung.
Gemachter Mann, schau dich nicht um!
Dein ganzes Leben hockt auf einem Hänger -
sorgsam zusammengeschobener Schutt.
Jeder herausgezogene Nagel -
gut, er hat seinen Dienst getan -
aber was ist der Sinn
wenn Wand und Nagel so beliebig sind?
Die Pfahlwurzeln der Kinder
schreien Mama Papa
und Motten und Rostdiebe
werden dir folgen dein Leben lang
wenn du nicht bleibst
im Haus
der Zukunft.

ICH HABE GEHÖRT

Ich habe gehört,
daß es die ewige Liebe gibt
und daß die heilige Liebe alles ist.

Da habe ich sie gesucht
und nicht gefunden.
Ich habe gepredigt über ihre Notwendigkeit
und sie nicht gehabt.
Ich habe sie gefordert
und nicht geben können.

Da fing ich an zu schweigen.
Vielleicht ist das der Anfang
der heiligen Liebe und der Suchfahrt nach ihr.

Wenn es sie aber nur für Götter gibt
und nicht für Menschen
dann ist es ganz egal wo du bist:
Bleibe, wo du bist.

Gibt es sie aber für Menschen
gibt es sie auch für dich
dann ist es erst recht egal wo du bist:
Bleibe und liebe.

BUSSARD

Du wirst sein
wie ein Bussard auf dem Baum
wirst auf den Wipfeln ruhn
und dich ruhig erheben
wirst in der Höhe schweben
und durch die Tiefe gleiten
nichts hast du zu befürchten
wenn deine Schwingen du entfaltest,
ich hab' sie dir gegeben
ich hab' dich so geschaffen
spricht der Beherrscher
des weiten Raums

ICH SCHENK DIR

Ich schenk dir
eine silberne
Bauernspieluhrkommod
schöner bemalt
als wie es nicht einmal
im Traum möglich ist
und wenn du
mit dem goldenen Hobel
drüberstreichst
dreht sie sich
und singt
ichschenkdir
einesilberne
Bauernspieluhrkommod
schönerbemalt
alswieesnichteinmal
imtraummöglichist
undwenndumitdemgoldenenhobel
drüberstreichst
drehtsiesich
undsingtichschenkdir
einesilbernebauernspieluhrkommod
schönerbemaltals.

NICHT MEHR JAHR FÜR JAHR

Was? Die Sonnenblumen sind schon wieder groß?
Die alten Brandflecke vertaner Schülerliebe?
Wo bin ich heuer nur so lang gewesen,
daß mich ihr süßer Überfall nicht alarmierte?

      Ich war in meinem kleinen Haus.
      Ich war an meinem Arbeitsplatz.
      Ich war in meiner braven Ehe.
      Und abends im Parteiausschuß.

Soll ich zurück zu eines Mädchens Geigenelegie?
Zur stillen Leidenschaft privater Gartenlabyrinthe?
Zum Vogelabschiedsdrama der verbrannten Sonnenlampen?
Zum Liebestotenbett auf bittersüßem Sommerfeld?

      Die Innenzeit ist ausgelaufen.
      Ein Rechtsstreit zwingt mich ins Detail.
      Ich sing das Lied des kleinen Mannes,
      bis denen droben ihre dicken Ohren schlackern!

MEIN SCHICKSAL

Ist ausgeblieben
was die andern Leute
Schickung nennen?
Was ich an allen sehe
nur nicht an mir?
Schon ist das Leben
halb vorbeigeflossen
und durch mich durch
und hat mich nicht verändert
mich unbekehrbar zähe Masse.

Ausgeblieben ist für mich und meinesgleichen
der Lichtstrahl, ist der Bannstrahl aus der Höhe.
Es riecht der Horizont fatal nach mir,
nach allem Namenlosen.
Selbst du
entschwindest mir als du
und bist mehr ich
als daß ich sagen könnt:
mein Schicksal.

Bin ich mein Schicksal?
Wär es so gemeint?
Ein solch' Verhängnis,
eine solche Freiheit anzunehmen
fällt schwerer als der Tod.
Mög' wenigstens im Tod
ich anderem begegnen
als mir selbst.

GEBURT OHNE MUTTER

Meine Mutter hat mich empfangen
ich weiß nicht wie.
Dann hat sie mich ausgetragen.
War ich schon Ich oder noch sie?

Sie hat mich geboren
und mir einen Namen gegeben.
Und kaum konnte ich Ich sagen
nahm sie mir schon das Leben.

Sie verkleinerte meinen Namen
entstellte ihn süß und niedlich.
Sie drohte mir
und zwang mich: Sei friedlich!

Sie macht mir Angst
denn sie hatte Angst um mich rund um die Uhr.
Sie beherrschte mich wie einen Schoßhund.
Ich wurde ihre Kreatur.

Das war meine zweite Geburt, eine Fehlgeburt
und ich wusste es nicht.
Ich dachte, so ist jeder Mensch.
Mein Leid war noch nicht im Licht.

Ich wurde alt und grau.
Jetzt dämmert's mir sacht.
Das gibt ein gutes Erwachen.
Vorbei ist die vertuschende Nacht.

Bevor ich sterbe
will ich anfangen zu leben.
Meine eigene Geburt –
vielleicht wird sie mir noch gegeben?

Es eilt. Ich will meine eigenen Wehen bejahen
will blind arbeiten und gläubig schauen
will aus Liebe zu meinem verborgenen Bild
mich den Wogen der Schmerzen anvertrauen.

Kann sein, es ist schnell mißlungen.
Aber von dieser zweiten Fehlgeburt
        werden die Engel sagen:
hier hat ein Mensch um seine Wahrheit gerungen!
Und sie werden ihn auf den Händen tragen.

DER ALTERNDE FÄHRMANN

Der alternde Fährmann
fängt endlich zu denken an.
Soweit er zurückdenkt,
hat er das Floß gelenkt,
hat bei Tag und Nacht
Menschen rüber gebracht,
ein unausweichliches Muß
am gefährlichen Fluß.

Jetzt fängt der Fährmann
endlich zu denken an:
Was fahr' ich Leute hinüber
und dieselben wieder herüber
von einer zur andern Wichtigkeit,
von dieser zu jener Nichtigkeit?
Wann fing es damit an?
Bin ich geboren als Schiffersmann?
Ist mir's von meinem Vater geblieben?
Was steht eigentlich im Taufbuch geschrieben?

Mein Vater war ein Offizier,
bevor er sich niederließ hier.
Nach dem Krieg war er brotlos,
baute sich hier ein Notfloß,
hatte selber die Brücke zerstört
auf höhern Befehl, wie sich's gehört.
Dann hat er Tag für Tag gedient
und für seine Kriegsschuld gesühnt,
bis er an Erschöpfung starb
und ich sein Ruder erwarb.
Ich, der Offizierssohn
übernahm meines Vaters Lohn.

Aber im Taufbuch steht's noch genauer:
mein Großvater war ein Bauer.
Freigeboren.

Der Hof ging im Krieg verloren.
Warum geh' ich nicht suchen,
statt mein Los zu verfluchen?
Warum mach' ich nicht Schluß
mit dem ererbten Muß?

Heut überlaß ich am Strand
die Fähre der nächsten Hand.
Nehme das Ruder, wer will –
mein Gewissen sagt still:
ich will nicht am Ruder sterben,
will mir einen Garten erwerben.
Ich geh jetzt ins Land hinein,
wo nicht mehr die Möven schrein,
wo die Nachtigall flötet
und die Frucht im Baum sich rötet.
Und flieht zu mir ein alter Soldat,
essen wir uns satt.

DREIMAL EINE BEGEGNUNG

Auf der Schwelle des Gartens
– ich war noch ein Kind –
stand die Fremde
im Mantel der Angst.
Sie stahl mich den Eltern.
Ich zitterte sehr
und wurde ihr Freund.

Auf dem Weg in die Fremde
kam mir entgegen
in blühender Freude
eine Frau, die mich küßte.
Ich stritt mit ihr
auf Leben und Tod.
Nun bin ich versöhnt.

Im sechzigsten Jahr
Klopft' an die Tür
der blanke Tod.
Schon wollt' ich mich wehren,
er schüttelt den Kopf:
„Du hast schon gesiegt,
als Kind und als Mann."

VOM KREUZ DES MENSCHEN

Sechzig Jahre auf der Welt
hatt' ich ohne es zu merken,
zu viel Säcke mir geschultert
Niemals hab' ich sie gezählt.

Doch mein Rücken nahm es wahr,
was ich Esel gut verdrängte;
und jetzt meldet er's zurück,
beschwert sich über sechzig Jahr.

Welcher Geist hat dich getrieben?
War es Ehrgeiz, Pflicht, das Geld,
Angst, Gehorsam, Eigenliebe?
Der Protest war unterblieben.

Also biet' ich meinen Rücken
Endlich zur Behandlung dar,
leg mich bäuchlings auf die Pritsche,
tu ins Loch die Nase drücken.

Der Masseur ölt sich die Hände
und er fühlt, was da verspannt war,
was sich abgelagert hatte
von der Schulter bis zur Lende.

Fremde Finger, fremder Mann –
kundig ist er meines Fleisches.
Meine Sehnen, mein Gewebe,
alles fängt zu hoffen an.

Unterm Schutt meiner Geschichte
wühlt er langsam das hervor,
was sich eingekapselt hatte.
Angst und Schuld kommt zu Gesichte.

Starres wird jetzt neu durchblutet,
Hartes löst sich langsam auf.
Widerstand wird zur Ergebung
und der Geist der Freiheit flutet.

Die Schulter ängstlich eingezogen
War ich halsstarrig im Nacken.
Ein falscher Geist hat da gewaltet
und das Rückgrat leicht gebogen.

Schließlich hat die Meisterhand
sich auch meiner schwächsten Stelle,
meinem lieben treuen Kreuz
zuversichtlich zugewandt.

Dankbar und mit aufgeräumtem
Herzen sage ich dem Mann:
„Ich kriege das zum ersten Mal!" –
„Jetzt wissen Sie, was Sie versäumten"

spricht er und fährt fragend fort:
„Und was sind Sie von Beruf?"
und bevor ich sage: „Pfarrer",
gibt er selbst sich schon das Wort:

„Kohlenhändler, Müllermeister,
Lastenträger aller Art –
Jeder hat in seiner Mühle
gute und auch böse Geister."

Stell ich da an ihn die Frage:
„Strengt Sie Ihr Beruf nicht an?
Kostet Sie das nicht viel Kraft?"
Und da lacht er: „Keine Plage –

wissen Sie", sagt er voll Stolz,
„mein Beruf ist mir Erholung.
Früher war ich Zimmermann,
schleppte manches schwere Holz."

Ah, so denk ich ahnungsvoll,
Zimmermann – ja, drum versteht er
was vom Kreuz wie jener Meister.
„Danke sehr, es tat mir wohl!"

WEITER WEITER

sprach mein Sohn
und ging
und ging weit über meine Grenzen.

War er leichter als ich,
daß ihn der Wind so heiter trug?
Sind nicht meine Füße geflügelt wie die seinen,
mein Körper bar des Fettes wie seiner,
mein Geist so rasch wie der seine?
Oder unterschätzt meine Angst die seine?

Oder ist es doch nur meiner Seele Schwere,
die mich hindert auszuschreiten
bis in die Höhlen unbekannter Kulte,
bis in die Himmel heiliger Drogen,
bis in die Wüsten der Entsagung,
bis an den Silberstrom des Pianos,
bis auf den Bug doppelt fremder Schiffe
und in den Schoß neuartiger Frauen?

Ist es, weil mein Vater Hiob der Gerechte
über mir und in mir noch
am Herrschen und am Leiden ist
und seine Opfer bringt,
damit sich nicht die Söhne
versündigen an seinen Grenzen?

Bin ich denn Vater Dädalus,
der sich Sorgen machen müßte,
wo Ikarus doch fliegt und fliegt
im wohlbemessnen Abstand zum Zentralgestirn
und stürzt nicht ab?

Wo ist Geist und Wille,
der auch mich entrafft in Flammen der Sonne,
wie es einst Elisa der Profetenschüler sah,

als er dem entrafften Meister zurief:
VATER VATER Wagen Israels und seine Reiter!

Wo ist der Wind,
der mir die Feder und die Buchstaben aus den Fingern bläst,
wo ist das Feuer,
das es liebt,
beschriebenes, bedrucktes Papier zu fressen
bis es Halt macht an jenem Fetzen
mit der Handschrift meines Sohnes
WEITER WEITER?

Ah, vergiß nicht: dein Sohn
ist der Sohn einer Mutter.
Nicht Abrahams Schoß,
den Schoß einer Frau hat er verlassen,
den engen, warmen, gefährlich hütenden.
Und ausgetrieben vom Paradies
sucht er die verlorne Welt
in der WEITE der WEITE.

Jetzt mach ich verlorner Vater mich auf
und suche im Sohn mich selbst
weit draußen,
WEITER und WEITER.

ENT–DECKUNG

Ich ging in den Wald, mein Grab zu besuchen,
den Tümpel im buchenumstandenen Hain.
Oh – sie haben den Wildpfad beschottert,
sie haben das Seegrab geplündert,
die hohen Wächter im Kreise gefällt,
sie haben mit einem Bagger die Ufer verwüstet,
den Schlamm ausgeworfen zum trockenen Tod.
Als spürten sie einem Verbrechen nach,
Ohne Wissen, ohne Gefühl haben die Ahnungslosen
die begrabene Liebe entblößt,
die heiligen Briefe unkenntlich ans Licht befördert,
nach Jahren der stillen Versenkung.
Noch schimmert die Tinte im Moderpapier.
Wie unauslöschlich sind doch die
in Tränen geflossnen Diphthonge,
wie unvergänglich die einstige
Flüsterung der Konsonanten.
Und doch:
was die Nymphen beäugten,
kann auch der Kenner, der Eingeweihte, der Liebende
nicht mehr entschlüsseln.
Und so sammelt er die heiligen Gebeine
und trägt sie bestürzt und beherzt
in den tieferen Wald jenseits des
rohlings gerodeten Haines.
Sieh, da bietet die Erde bereitwillig
eine Höhlung unter den Wurzeln.
Ein Gang ins Unterirdische öffnet den Mund,
stumm nimmt er auf und bestattet in sich,
was einst dem fegenden Wind,
was dann dem fressenden Feuer
und schließlich dem faulenden Wasser
seltsam entkommen war.
Wird hier die gemordete unsterbliche Liebe
liebend alles Geschaffene
unentdeckt überleben?

DAS LOS IST MIR GEFALLEN
AUF LIEBLICHES LAND

Schau an dein Land:
Horizont Kammerforst
sommers wie winters
abschirmender Berg
den der kleine Neusiedler
nicht überschaut
wenn er ihm das Fell krault.

Schau an deine Herkunft:
solider Kleinsegen
von jenseits der Großmutter
Bauern unwissend Heilige
zogen in alte Städte.

Schau an deine Zeit:
voll aufgewachter Stimmen
Aufbrüche mit Schleudersitz
vielleicht wirst du landen
in neuen Testamenten.

Schau an deine Arbeit:
wachsender Ameisenberg
und alles wie von selbst.

Schau an deine Frau:
eine offene Frucht
ergiebig wie eine Melone.

Schau an deine Kinder:
Waldwiese der Tiere
frei scheu
froh schön.

Schau an deine Wohnung:
Lichtfenster tags
Lampenfülle des Nachts.

Schau an dein Herz
es pendelt im Kreis:
„Ich lobe den Ewigen
der mich beraten hat.
Hält er mich fest
so schwinge ich frei.
Läßt er mich fallen
so bleibt er mein Los."

WAS MIR EIN GUTER FREUND ANVERTRAUTE

Ich bin unglaublich frei,
ich schwebe über allem,
ich bin in allem,
ich gehe durch alles hindurch,
ich verweile in allem,
ich verstehe alles,
ich akzeptiere alles,
ich erleide alles,
ich beweine alles.
Mich hindert nichts,
keine Moral,
kein Ideal,
keine Angst,
kein Gott.
Ich reagiere nicht mehr,
ich bin tot,
ich agiere,
ich bin lebendig.
Ich halte alles für möglich,
ich glaube alles, hoffe alles, liebe alles.
Ich verzeihe allen alles sofort und ganz.
Nichts fällt mir leichter als dies.

Aber ich kann nicht begreifen,
wie kann man ein Tier quälen,
ein Kind mißbrauchen,
einen Gegner erschießen,
einen Menschen foltern,
Gott übersehen.

Aber natürlich verstehe ich das alles,
ich habe das alles schon selbst gedacht, getan,
zumindest geträumt
und vielleicht werde ich es tun
in der Stunde der großen Versuchung.

Was mir fehlt?
Sterben.
Um abzustreifen die Persönlichkeit,
diese atemberaubende Maske,
diese elende Hülle.
Ich bin bereit, wieder zur Erde zu werden.
Damit Ruhe wird auf Erden.
Und Jubel im Himmel.

ZWEITE WENDE

So wie als Kind im Leib der Frau
zur höchsten Zeit ich wußte mich zu neigen
das Haupt zu senken
mich zu kehren dem künftigen Ausgang zu
bereit, die eng gewordene Befängnis
zu vertauschen gegen Licht und Lärm der freien Welt
zur größeren Mutter Erde zu gelangen
sei es zu langem wildem Leben
oder sei's zum raschen Grab –

so ist mir Kahlkopf nun die Zeit gekommen
mich zu verneigen
nach innen zu versenken meinen Geist
zu lauschen auf die starke Stille
des Himmelsgrundes tief in mir
der mich begehrt
nachdem ich übersättigt bin von Häftlingskost
bis ich an nichts mehr haftend mich bekehre
zum inhaltslosen reinen Leben
bereit neu zu beginnen oder auch zu sterben –
mein letztes Leben jedenfalls ist da.

DANKBARKEIT

Tief zellulare Dankbarkeit
vom Geistherz bis ins äußerste Gebein,

dafür daß Leben mir gegeben
und Sinn und Lust, und spürbar erst durch Pein,

wenn unsichtbare Schönheit strahlt aus Wolken
Blüten, Flöten, gotischem Gestein,

Versöhntheit pulst im Fleisch von Mann und Frau
und Kind und letztlich im Alleinesein –

dies alles weckt in mir den Tausch von Nimm und Gib.
So atmet Dankbarkeit in meinem Sein.

SPÄTES LEBEN

Bin ich Dir zu stumpf geworden?
Wozu hast Du mich beiseit gelegt?
Nimmst Du mich aus Deinem Orden?
Hat Dein Köcher mich zu lang gehegt?

Wirst Du mich nicht doch noch wieder
auf die Sehne Deines Bogens legen?
Und mit rauschendem Gefieder
flöge ich auf unsichtbaren Wegen,

die Dein Sonnenauge mir befiehlt
als ein Gruß in dunkles Land,
das noch nichts von Deiner Lust gefühlt;
träf dort ein mit Liebesbrand.

DER SCHREIBER

Einen Stift hat er, der Schreiber,
    einen neuen Stift,
genug Papier, schön glatt und weiß
    und leer und rein.
Er weiß die Buchstaben zu stellen
    in schneller Schrift,
ein Schriftsteller, eine Verdichter von Wahrheit
    will er sein.

Er kann die Sprache, kennt viele Sprachen
    von zu Haus,
weiß, was die Leute sagen,
    deutet, was sie denken.
Er übersetzt sie gut,
    legt ihre Interpretationen aus.
Er kann sich ins Sanskrit
    und jede Heilige Schrift versenken.

Hat lang gelebt, viel hingeschrieben,
    viel gestrichen,
hat immer neu gespitzt die Zunge
    und die Feder,
doch alles, was er schrieb,
    es ist inzwischen schon verblichen;
daß niemand sich dafür noch interessiert,
    weiß jeder.

Neu setzt er an und hofft,
    daß ihm ein neues Wort entsteht,
doch das Papier verweigert sich,
    nimmt seine Tinte nicht mehr an,
als warte es, ob nicht der Wind
    aus einer andren Richtung weht,
auf etwas, was nicht trügt,
    was trägt nach all dem eitlen Wahn.

Doch da kommt nichts, nichts stellt sich ein,
   nur Stille.
Der Schreiber hat nichts mehr zu schreiben,
   nichts mehr anzuzeigen.
Hat keine Post für all die leeren Flaschen,
   die in Fülle
am Strand der großen Insel liegen
   namens Schweigen.

Die Zeit der Rufe ist vorbei,
   es hülfe da kein Menetekel an der Wand.
Vorbei die Aufrufe von Drohung oder Lockung,
   es gibt nur eins,
und dieses Eine schreibt er zitternd
   mit dem linken Zeigefinger in den Sand,
der Schreiber schreibt:
   Es ist jetzt da die Zeit des puren Seins.

LIEBESERKLÄRUNGEN
Meditation nach Psalm 116

Ich liebe,
denn ER, SIE, die Liebe selbst,
hört mich.
Der Hauch meiner Stimme findet Gehör.
Mein irdisches Begehren
ist von einem himmlischen Ohr aufgefangen.
Hinter meinen brüchigen Beziehungen
zu Menschen und Dingen
ist eine feste Beziehung entstanden.
Ich ahne, dieses neue ICH-DU-Sein
wird lebenslang halten.

Fesseln des Todes hatten mich gelähmt,
ein Grauen vor dem Leben hatte mich erfaßt,
als mir eine Beziehung nach der andern abstarb,
zuletzt die gute Beziehung zu mir selbst.

Da brach es aus mir heraus,
stieß durch die große Leere
zum Namen aller Namen:
DER oder DIE DU BIST,
wenn DU BIST, rette mich!

Und ich erfuhr DICH als Angesicht,
ganz zugewandt; es spricht mich frei
mit Küssen des Erbarmens.

Das starke ICH-BIN-DA
tritt für die Unmündigen ein,
die sich nicht Ich zu sagen trauen.
Wenn ich zulasse, daß ich schwach bin,
strömt eine herrliche Hilfe in mich ein.

So sei nun wieder im Frieden, meine Seele,
denn von der Liebe geliebt sein, das tut gut.
Das reißt aus der Depression,

das trocknet Tränen,
das gibt den Schritten Festigkeit.
Ich wandere auf dem göttlichen Boden des Hier und Jetzt
im Lande der Angesehenen des Himmels.

Noch gehöre ich zu den Angefochtenen der Erde.
Aber als einer, der vertraut, bleibe ich mit meinen Plagen
gehalten in der Gewahrsamkeit der reinen Beziehung.
Früher, dank meiner Ansprüche, war ich bitter enttäuscht,
jetzt kann ich es ruhig zulassen:
auf keinen Menschen ist absolut Verlaß.
Sie machen sich mit ihren Masken ja selber viel vor.

Aber die Wohltaten des göttlichen ICH, ICH bin für dich da,
die sind unbezahlbar, die wollen einfach gefeiert sein.
So erhebe ich meinen Becher voll Glück und Segen
und rufe Deinen geheimen DU-Namen aus,
und was ich mir im Herzen vorgenommen habe,
das will ich endlich sichtbar verwirklichen,
bevor es zu spät ist.

Die ewige Liebe wägt es voller Bedacht ab,
wann ihre Geliebten sterben sollen.
Und wenn die Geheiligten sterben,
dann hat es seine Bedeutung für die Nachwelt.

Ach, ich bin ein Freigelassener.
Meine Mutter war noch Deine Sklavin,
und auch ich bin unter Vormundschaft geboren.
Aber jetzt hast Du mich freigesetzt,
wie man nur von der Liebe gefreit werden kann.

Als einzige Verpflichtung Dir gegenüber spüre ich
die Dankbarkeit, die liebende Nachdenklichkeit,
die in allen Geschehnissen und Dingen
die zarte Präsenz Deines Namens erkennt.

Nie kann ich es bezahlen,
was Du an mir getan hast.
Aber ich arbeite gern in Deinen Vorhöfen,
weit draußen in der nichts ahnenden Welt,

denn mein Herz weiß um das Allerheiligste,
wo die Geheimnisse der Liebe hin- und hergehen.
Gern diene ich inmitten der Probleme
meines Landes, meiner Stadt, meiner Familie.
Daß das alles so gekommen ist – Halleluja!

AN UNS BLINDE BLINDENLEITER

Der letzte Augenöffner vielleicht
wäre der Tod.
Dies hoffe, wer keine Wahrheit fürchtet.

Selig die Blinden,
wenn sie seh'n mit dem Auge,
dem unsichtbaren zwischen den Augen.

Aber sieh, die Verhexungen
wie nehmen sie uns das Wissen,
daß wir verwunschen sind!
Schau, die Verwechslungen,
sie täuschen uns über den Tausch.
Wisse, Verblendungen geben sich uns
als Sichtweisen aus.

Zauberstab Wirklichkeit,
berühre gnädig enthexend
meine und jedwede Truggestalt!
Nackte Haut, offenbare
wer ich bin, wer der andre!
Klärende Nacht, entblende
die falschen inneren Sterne!

Gepriesen sei jede Nacht, jede Krise
und jeder Mensch, der sie zuläßt.

Nichts läßt sich reinigen
ohne den Schmerz des stillen Feuers,
das furchtbar und unsichtbar brennt.

Und so spricht der Starez im Ofen
zum Brennenden, der zu ihm flieht:
„Halte mit deinem Bewußtsein
dich in der Hölle,
aber verzweifle nur nicht!"

Große Trauer und Liebe entsteht
über jene dieseits ihrer Erleuchtung,
die zu ihrem Zustand nicht stehen.
Der letzte Augenöffner vielleicht
wäre der Tod.
Insofern also gäbe es
nie ein Zuspät.
Die Reue um das vertane Leben,
das wären die Wehen des neuen.

ES GEHEN DIE BERGE

Es gehen die Berge
es fließen die Berge
die Häupter voll Schnee
in sichtbarer Eile
weglos hinab.
Die uralten
Persönlichkeiten
schleppen und schieben
ohne Koffer und Säcke
sich selbst und einander
schlurfen und stürzen
von Angst gelähmt und gehetzt
die Augen voll Sand.
Die Gipfel ächzen
die Hänge stöhnen
kopflos geworden
vergessen die Sterne
es geht nur bergab
ohne Sinn ohne Ziel.

Die Steine zerspringen
im Zeitraffertempo
in scharfen Sprüngen
bersten Sekunden
mit leisem Knistern
der Sollbruchstellen
hier dort jetzt da.
Gebirge schrumpfen
im Schneeschmelztempo
wandern als Dünen
durch Stadt und Land
und kommen zerstäubt
ans rauschende Meer
und strömen hinein
immer tiefer hinein
wie auf Geheiß

oder kraft einer Sehnsucht
nach nichts.

Schon sind sie verschwunden
nicht mehr gesehn
alles ist eben
spiegelnde Fläche
endlich glücklich begraben
der maßlose Hochmut
nicht tragbaren Profils
der unermeßliche
unhaltbare Stolz.

IN DIE ASCHE DES KÖNIGS GESPRUNGEN

Wer sprang da?
Ich.
In was für Asche?
Von Stoffen und Stofflichkeit des Leibes.
Wessen?
Des Königs.
Welcher König?
Ich.
Gesprungen?
Aus der Luft des Verbranntseins.
Und nun?
Sitz ich da und suche.
Was findest du?
Goldklumpen.
Wovon?
Von der stolzgeschmolzenen Krone.
Wessen?
Des Königs Phoenix.
Was machst du damit?
Den Bettlern geben.

TRAUM IN DER WALPURGISNACHT

Der Sarg meiner Mutter
war uns allen zu schwer.
Auf ihrer Decke
die Rosen und Nelken
wogen schwerer als Blei,
schwer wie Gestirn.
So legten wir sie
ohne den Sarg
in die Erde hinunter.
Sie schwebte hinab,
sie schwebte hinauf.
Die gehäufelte Erde
bedeckte ein Nichts.

DER POLSTERMEISTER

Frank
hat unser
zerschlissenes Sofa
zerlagertes
neubezogen
roséweinrot voll
Liebgerank.

Wein
dich nicht,
werden wir, wird wer von uns
auf diesem Lager
hingebogen
zum Sterbenszoll
leberkrank.

EIN PSALM HUNDERTNEUNUNDDREISSIG

Warum
Kläger sein müssen
und Verteidiger
und Gericht
und Strafvollzugsorgan
und alles dies in Personalunion
in einer einzigen und engen Brust
das kann doch nicht gut gehen?

Obwohl
meine Zelle ist komfortabel
meine Wächter bestechlich
mein Richter zerstreut
mein Anwalt schlau
und mein Verkläger schwach
Wem könnte es da besser gehen?

Dennoch
entfliehen will ich
mir entkommen
vorstoßen in den leeren unbegrenzten Raum
es muß doch etwas geben
hinter den beschmierten Mauern meines Horizonts
die Herzensreinheit
die Geisteseinheit
die inhaltsfreie Wahrheit
die Auflösung aller Bilder aller Projektionen.

Aber
hätt' ich eine Entrückung und Verzückung
eine Droge in den siebten Himmel
ich wär' noch im Prozeß
und flög' ich mit dem fernsten Fernsehn übers Meer
ich wachte auf in meiner alten Welt
und würd' ich selbst mein Totenbett mir machen
im sichern Staubschloß auf dem Schoß der Toten

mein Klagelied im Ohr
käm' mir als Klageschrift vor Augen
und könnte Nacht und Nichts nur um und in mir sein
so tagten dennoch
alle Herren des Gerichts.

Derweilen
sieh da geht die Sonne auf die tägliche
wie jeden Tag
als wäre nichts gewesen
ein Licht das allen Dingen ihre Morgenfarbe gibt
das meinen trunkenen Augen sagt nun trinke doch
und ich im Trinken nüchtern werdend
kann nur noch denken
ich bin so frei.

SYNDROM LAUTLOS UNSICHTBAR

Nichts weiß ich über mich.
Bin ich in altvertrauter Enge und will ins Weite?
Bin ich auf nebelichtem Feld und will in schmale Klarheit?
Wo bin ich? Wer? Und was?
Taube Nuß?
Zoovogel flügelflatternd?
Zu spät gekommne Rosenknospe?

Der Winter ist schon da.
Ich habe mich vertan, verhoben,
verzettelt und verspätet.
Zu laut war mein Gewissen,
schwarz und weiß.
Ich hörte meine Wahrheit nicht.

Wo ist die Sphinx,
die meine Rätsel durch Gegenfragen löst?
An welchen Tischen gibt es eine Hostie,
die zu mir spricht?

Laut, laut ist alles um mich her.
Ich höre nichts.
Selbst Stille ist mir stumpf.

Unter meinem abgesunknen Seelenspiegel
schreit der Geist in Obertonfrequenzen,
die keinem Menschenohr mehr hörbar sind.

TATTOO

Warum haben wir uns nur
in viel zu früher Zeit
so seltsam tätowieren lassen
die blauen Bilder bleiben uns
auch wenn sie nicht mehr stimmen?

Ich gehe gegen meine Prägung
ich trage meine Schande meine Haut
das fällt nicht weiter auf
nur ich
ich weiß es.

IN DIESEM WALD

Wenn du jetzt nicht bald
dein altes Riesengeweih abwirfst
kommt nichts Neues mehr
in diesem Wald.

Wenn du jetzt nicht bald
dein altes geweihtes Versteck verläßt
bist du nur noch sehr
treu und alt.

Wenn du jetzt nicht bald
dein schlechtes gutes Gewissen verwirfst
gefährdet deine Wehr
die neue Gestalt.

HINTER DEM GEWISSEN

Was ist hinter dem Gewissen hinter diesen Kulissen?
Weitere Souffleurkästen Drehbühnen Schnürböden
und immer neue Spielszenen Rollentäusche
anderer Ebenen Dimensionen Leuchtungen?

Hockt da vielleicht weit draußen droben drinnen
der Autor die Autorin selbst
das letzte Leben
mit unerfindlichen einmaligen Szenen Dialogen
und darin dahinter der nicht mehr spiegelgespiegelte
Dialog mit ihm ihr mir selber?

Käme ich einmal dahin und dahinter und nochmal zurück
ich bräuchte kein eingespieltes angelerntes Gewissen
ich wäre wahrscheinlich für immer
        in einem gewissen letzten Wissen,
falls ich Vergeßlicher Verführbarer nicht vergäße
was ich eigentlich schon immer unbewusst wusste.

SO LANG

Hinaustretend ins Freie erkannte ich
ich trat nicht hinaus
ich wurde hinaus geführt
und das Freie erwies sich
als klar umgrenzter
Gefängnishof.

Zum ersten Mal überfiel mich
wie angeboren die Absicht
die Hände zum Himmel zu heben
da merkte ich
sie sind mir auf dem Rücken gebunden.

Nachdenklich ging ich im Kreise
den Kopf gesenkt
die Hände auf dem Rücken
und schweigend schritt neben mir
mein langjähriger Freund.

Da fragte ich ihn zum ersten Mal:
wie lang noch?
Denn ich hatte erkannt
er ist mein Bewacher und hat die Schlüssel.
Zum ersten Mal sah er mich
oder ich ihm?
unverwandt in die Augen.

Dann sagte er
morgen früh sieben!
Und fügte hinzu:
denn du hast jetzt alles durchschaut
Nun ist dein Dasein hier
ohne Nutzen für uns.

EIN TRAUM VON FREIHEIT

Mein Sohn fuhr mich durch fränkische Hügel.
Sein Moped trug mich ohne Beschwer.
Verkehrt herum saß ich Rücken an Rücken.
Er schaffte mich gut, kaum war ich zu schwer.

Ich kannte mich aus, ob kreuz ob quer.
Wir finden Quartier auf unsrer Tour.
Er setzt sich nieder, entblößt seinen Körper.
Ich seh zu ihm auf wie zu einer Skulptur

griechischen Geistes makellos pur.
Seine Lenden fassend ohne Begehr
sag ich: du bist ein sehr schöner Knabe.
Da sagt er geschmerzt: es ist alles so schwer.

Da lag auf dem Bett Papier umher,
ein Stapel Briefe ohne Zensur
nicht abgeschickt an Frau oder Mutter
verlassen wie eine alte Spur.

Ich habe verlassen die fränkischen Berge
frank und frei und ohne Tortur.
In der Kraft meiner altgewordenen Jugend
erfahre ich eine neue Natur.

WAHRHEIT DER NEUROSE

Unsterblich ist
der Zweifel an mir.
Was ich auch denke und schreibe
was ich auch fühle, sage und mache –
ich verdächtige mich mit guten Gründen
der völligen Belanglosigkeit
besten Falls (im Falle einiger Bedeutsamkeit)
des Diebstahls.

Und wenn sie um mich herum
alle an mich glauben –
ich glaube ihnen nicht.
Und wenn ich ihnen ihren Glauben glaube
so glaube ich um ihretwillen
nicht an mich.

Es wäre mir sehr recht,
wenn endlich jemand sagte:
Du hast Recht.
Du bist belanglos.
Den Menschen würd' ich mir
zum Meister wählen.

DER HENGST

Der Hengst hat Zaumzeug langsam durchgebissen
Zügel abgestreift
keinen Reiter mehr geduldet.

Im milden zahmen Alter hat er das vollbracht
und niemand wagt
dem Sanften sich zu nähern.

SIEBZIG

Ein Herbstfrühling
nach langen harten Wintersommern.
Ein Aufleben
im Aufwind unbekannter Stärke.
Der Rücken aufgerichtet
nach abertausend Säcken Mehl
für fremde Mühlen.
Wer buk daraus das unverdiente
Gnadenbrot so unvermutet?
Es mundet königlich.
Jetzt erst im Glück der späten Erde
wächst das Verlangen nach
den überirdischen Gestalten.
Früher, im Unglück
war der Todeswunsch nicht rein.
Erwachsen ist geworden
die Neugeburt des zweiten Lebens.
Bereit sein, gern uralt zu werden
unter Enkelkindern oder
unter Engeln.

EIN ALTER MANN UND EIN MEER

Er schwimmt im Glück des Unglücksmeeres.
Er hat sich frei geschwommen.
Er schwimmt hinaus ins offene Meer
lustvoll wie ein Delphin der Urzeit
dem sich der Geist in Körper
und der Leib in Geist verwandelt hat.
Schon liegt das alte Land und sein Gerippe
nicht mehr erreichbar hinter ihm.
Er braucht nicht mehr zurückzukehren.
Er folgt der Welle Hyperultraschall
mit unerhörter Leichtigkeit.
Er kann getrost im Goldbad eines Sonnenunterganges
untergehen.

ELISABETHANISCHE BEGLEITWORTE AM 70. GEBURTSTAG

I
Ich werde alt.
Aber ich mache nicht Halt.
Muß am Alten nicht festhangen.
Kann immer neu anfangen.
(frei nach Martin Buber)

II
Wir finden außen keinen Frieden.
Dennoch werden wir nicht ermüden.
Denn soviel der äußere Mensch verfällt
soweit wächst der innere in die neue Welt.
(frei nach Paulus, 2.Korinther 4,16)

III
Unbezahlbar ist es und ohne Schade,
wenn das labile Herz gehärtet wird im Feuer der Gnade,
wenn es stark wird in Gott auf dem Pilgerpfade.
(frei nach Hebräer 13,9 und Psalm 84,6)

IV
Es gibt keine bessere Zeit,
Gott in dir und dich in Gott zu finden
als die jetzige Frist.
Es gibt keinen besseren Ort,
Gott in dir und dich in Gott zu finden
als hier wo du bist.
Es gibt keinen besseren Zustand,
Gott in dir und dich in Gott zu finden
als den Zustand, wie er gerade ist.
(frei nach Meister Eckart)

V
Nicht Hab und Gut sind dein wahres Vermächtnis,
nicht Anspruch und Prägung bleibt in der Kinder Gedächtnis.
Es wäre übergenug, wenn nur dies bliebe:
die Spur der Liebe.
Sie weist ihnen wie rote Tropfen im weißen Schnee
den Weg in die Zukunft und in die Höh.
(frei nach Albert Schweitzer)

HUMILITAS

Die Angst des Stolzes
vor Panne und Sturz zergeht
in Panne und Sturz.

Im Demutsnullpunkt
wird zu Humus und Erde
die Angst des Stolzes.

RADTOUR-ENDE

Die Abendhimmel
stranden am Erdhorizont.
Dort weht Weltfriede.

Wie dort hinkommen,
wenn das Ufer vor mir flieht,
an dem er landet?

SELTSAMSTE SUCHT

Seltsamste Sucht
Vatersuchtsohn
im Sehnen die Kehre von
Sohnsuchtvater.

Die Sehne gespannt
und der Pfeil schwirrt auf
vorwärts und rückwärts zugleich
und trifft ins doppelte Eine.

FRAGEN AN APOLL UND BACCHUS

Hab ich euch endlich beide
zu gleicher Zeit vor meinem Tribunal,
um euch zu fragen!

Soll ich mir abendlich verbieten
den roten Wein, der mich belebt?
Belebt er mich in Wahrheit oder nur zum Schein?
An den Folgen kann ich's nicht erkennen.

Oder soll ich mir den Wein der Nacht
nicht nur genehmigen, als sei es
lässliche Sünde,
sondern verordnen
wie eine unerlässliche Arznei?

Wie soll ich eingeweiht, erhoben werden
ins tiefe Nachtgeheimnis meines Seins
ohne eine heilige Droge,
die mich der fruchtlosen Nüchternheit entreißt,
die meine Seele verschleiert
als eine Braut der Wahrheit?

Wie kann ich wissen,
was ist nur Schein, was ist mein Sein?
Ist die trockne Nüchternheit Alltagsbenommenheit?
Ist die sanfte Trunkenheit festliche Klarheit
im Übergang vom bloßen Funktionieren zum reinen Sein?
Wo ist der Blickpunkt außerhalb von mir,
von wo aus ich erkennen und entscheiden kann?

Und die Gefragten schweigen gemeinsam;
da muss ich
ihre Götterpaarung glauben.

KRANICHZUG

```
                    Da
                 seid ihr
                schon  der
                 herbst  ist
                  kalt   ihr
                  fliegt  gen
                   west   schar
                    um     schar
                   mit      lust
                   und      lärm
                   voll      angst
                   und       stolz
                         oh
             nehmt              mich
              mit               mein
              geist             sehnt
              sich              nach
              ziel              er
             schreit            mit
             euch               glos
            so                   la
           lisch                 kra
           kran                  da
           hebt                  sich
           mir                   arm
          links                  mit
          arm                   rechts
         auf                     ab
         und                     auf
         ab                      und
        seht                     ich
        bin                      am
       schluss                   bei
                    euch
```

IMAGINATION

Im Garten meiner Kindheit
auf der versunkenen Wiese
trafen sich von ungefähr
drei weise Männer
und berieten sich
über mich und meine künftige Verwendung.

Plato meinte:
Erst wenn ihm Denken, Fühlen, Handeln geeint
zum tüchtigen Gefährt geworden sind,
schicken wir ihn nochmals in den Kampf,
den Streit um einen neuen Staat.

Drauf Paulus:
Wenn ihm an Stelle des Gewissens endlich
der reine freie Glaube zugekommen ist
und das bedingungslose Liebenkönnen,
soll er nochmals an die Fischernetze greifen,
zu fangen, was in neuer Zeit gefischt sein will.

Der Abt Fidelis sprach:
Wenn er ein Monachos,
ein Einsam-Einzelner geworden ist
jenseits von Gut und Bös', von Lob und Tadel,
wird man ihm in der Wüste
Seelen anvertrauen.

Ich aber, der ich die drei Alten
peripatetisch sich beratend
im Garten meiner Jugend wandeln sah,
ich hörte nichts von all dem,
was sie da besprachen,
nur, dass es sich auf mich bedeutete,
verrieten mir die Blicke.

Und trifft dies zu –
was soll ich tun?
Mein Leben ist gelaufen.
Ich bin ermüdet von all dem scheinbar Neuen
unter unsrer Sonne.
Ich, ausgetrocknet nach all den Wassern,
mit denen ich gewaschen,
ich warte nicht auf eine neue Zeit,
nachdem die alte nicht, wie angekündigt,
an sich selbst zugrund gegangen ist.

Doch wenn sie kommt
und wenn ich sie als Greis erlebe,
nicht weil sie außen, sondern weil sie innen kommt,
dann bin ich da und mache mit.
Bis dahin aber heißt es stille sein,
ein wenig ärmer werden im Wollen, Wissen, Wünschen.

Geht nur umher im Paradiesesgarten,
ihr alten Männer,
und nehmt mich auf in eure Schule des Verlernens.

LABYRINTH

Nicht mehr im Schlaf
und noch nicht wach
vernahm der Wanderer eine Stimme
die rief ihm nach:
Wiedergänger!

Dies Urteil hat sich
an seine Fersen gehängt
erst wie ein Tadel
oder war es ein Lob?
dann wie ein Fluch
oder war es ein Auftrag?
Dann wie ein Weg ohne Ende
oder war es sein rettendes Labyrinth?

Er floh vor der Macht einer Frau
unauffindbar aufs Meer
und landete wieder
im anvertrauten Gemach.
Nur wer fort war, kehrt heim
lernte er wie Odysseus.

Er war ein Hirte
und scheute das Amt
und ließ die Herde viermal im Stich
und kehrte viermal reumütig zurück
wie Gregor Nazianz zum
„heiligen Drachen Gemeinde".

Er war ein Trinker im Quartal
nah am Ertrinken
und wurde entwöhnt
und gerettet immer aufs neue
er wusste nicht wie und wie oft.

Er hatte den Vater erwürgt
um sich zu befreien
und kam ins Gefängnis
und nach Jahren ging er
als Freigänger stets
an den Ort seiner Tat
und merkte nicht, dass er dabei
ein Liebender wurde.

Als Träumer träumte er
zeit seines Lebens
immer denselben Traum
dass er die stumme blonde
Jugendgeliebte sah
und wollte sich mit ihr treffen
und niemals gelang es
denn sie entzog sich ihm stets
und so wuchsen ihm unsichtbar
an Augen und Fersen die
Schwingen der Fernsucht.

Getreulich ging er den vielfach gewundenen Weg
Kehre um Kehre in wiederkehrender Wende
schier in Verzweiflung.

Er begegnete Sisyphos
und wurde sein Freund
und lernte von ihm
den täglichen Aufgang der Sonne zu preisen
die all Morgen ganz frisch und neu
die gnädige Chance bewies.

Er begegnete dem enthaupteten Täufer
der im Lauf der Geschichte
in immer neuer Gestalt erschien
als Vorläufer des Heils.

Er sah den schlafenden Rotbart
in seiner Höhle der Wiedergeburt warten
ob die Stunde noch schlüge
das Volk zu befreien von Kirche und Staat.

Viele Seelen der Ahnen
wanderten mit ihm in den Morgen
auf der Suche nach neuen und reineren Leibern.

So ging er den vielfach gewundenen Weg
Kehre um Kehre in wiederkehrender Wende
in zunehmender Hoffnung

und gewahrte angekommen am
behüteten Eingang und Ausgang
seine irreversible Verwandlung
und sah einstweilen:
nicht die Welt wird sich ändern
aber die Betrachtung der Welt
durch die neuen Betrachter.

TOTENSEGEN

Ich werde überselig
ungewußt berührt
(in warmen Nächten
beim hohen Flug des Schwanes)
von der regsamen Allgegenwart
meiner Entschlafenen,
der Väter, Mütter, Brüder
und der einz'gen Schwester,
der unglücklichen
und wunderbar zum Schluß geheilten.

WIE ICH MEIN ALTER HEUTE VERSTEHE

Ich bin jetzt unter dem Gipfel.
Ich weiß nicht, wie tief.
Er ist nicht mehr sichtbar.
Ich bin in der baumlosen Zone.
Weit kann ich hinaus und hinunter schau'n.
Ich spüre keine Strapazen mehr.
Ich bin high und höhengesund
und habe viel Zeit für den Augenblick.
Ich muß auch nicht mehr zurück.
Denn nach dem Erreichen des Gipfels
steht mir, theoretisch geschaut,
nur noch der wahrscheinlich leichte
Aufstieg zum Himmel bevor.
Ich würde die Erde verlassen
im Moment des höchsten Erdenentzückens.
Vielleicht aber muß ich zuvor
wie die meisten meines Geschlechts
abstürzen in Anfechtung, Elend und Not.
Ich bin, noch nicht zitternd,
bereit.

DER HENKELKRUG

Das Zerbrechliche - so stabil!
Das Brüchige - so lang im Dienst!
Das Verderbliche - wie oft verlängert!
Das Hinfällige - wie steht es auf!
Der reife Körper - so lange in Kraft!
Das Verwesende - so tief in Verwandlung!
Das Verlorene - wie neu kommt es wieder!
Der Brunnquell - unter wie vielen Krügen!

DER GROSSE TOD

Mein Tod hat meinen Hausarzt besucht:
„Lang genug bist du sein Herr gewesen,
hast genug Gewinne verbucht.
Er braucht dich nicht mehr - sein Herz ist genesen."

Mein Tod hat meinen Anwalt genommen:
„Immer hast du ihm Vorteil erworben.
Jetzt ist er zu tieferer Einsicht gekommen.
Verstehst du, sein Ich ist gestorben!"

Mein Tod beriet meinen Bankberater:
„Stets hast du für seine Gewinne gesorgt.
Ich solle dir kündigen, ja, so bat er.
Er habe höheren Ortes geborgt."

Mein Tod hat meinen Frisör geschoren:
„Was kümmert dich noch sein Bart?
Er hat auch sein teures Toupet verloren.
Seine Würde ist jetzt von besserer Art."

Mein Tod hat meinen Therapeuten geheilt.
„Nutzlos ist deine Psychologie!
Weil mein Freund jetzt in reiner Bewusstheit weilt,
kommt er nicht mehr zur Therapie."

Mein Tod hat meinem Astrologen geraten,
er solle mich nicht mehr lenken,
er selbst werde fortan mich beraten
und mit mir Unglück und Glück bedenken.

Mein Tod hat meine Frau bekehrt:
„Du brauchst nicht mehr um ihn sorgen!
Ihr habt euch lange genug belehrt,
nun liebt Ihr bedingungslos, neu jeden Morgen!"

Mein Tod hat meinen Teufel geholt:
„Deine Zeit ist um, du kannst gehen!
Lang hat er den Zwängen Gehorsam gezollt.
Jetzt kann er selbst für sich stehen."

Geht mein großer Todtanz zu Ende,
tritt der kleine Tod bei mir ein,
trägt mich leicht in die ewigen Hände,
und dann bin ich völlig im Sein.

DIE EINE PERLE

Das Beste, glaub ich, das mir ward
    in meinem Leben,
als Kind, als junger und als alter Mann:
    dasselbe Beben,
dieser stille Dauerhunger nach zuhause und
    zugleich auch dieses „Schon".
Und auch diese Träne eines Fremdlings, die sich
    speist aus Kommunion.

Also dieses Hingenommenwerden
    von den Erd- und Himmels-Elementen,
dieses Eine Einende und Heimgekommensein
    in seltenen Momenten,
dieses gänzlich Eingetaucht-Sein in die
    ungewusste klare Nacht,
auf diese Perle, die ich fand in meinem Leben,
    geb ich acht.

DREIFACHES DISTICHON
AM KRANKENLAGER DES DICHTERFREUNDES

Freund, ich lerne von dir,
was mir selbst noch bevorsteht:

I
Zuerst begrabe das Selbstbild,
das du dir mühsam erworben.

II
Später begräbt man dein Bildnis,
das leibliche, allseits geliebte.

III
Am Ende steht nur noch das Urbild
des Ebenbildes der Gottheit.

KASSIBER

Komm Geliebter, hol mich fort
nimm mich auf dein Sonnenross
entführ' mich in dein Vaterland!

Stoß durch meine dicke Wand
brich das enge Geisterschloss
reiß mich aus dem Räuberhort!

Gabst mir früher doch dein Wort
als sich Herz in Herz ergoss!
Heimweh ist mein Unterpfand.

Streck durch Wolken deine Hand
zieh mich hoch auf deinen Schoß
weg von meinem Inselort!

Nimm mich auf dein Schiff an Bord
mach mir alle Segel groß!
Mitternachts bin ich am Strand!

AUF DEM FAHRRAD NACH UNTERFRANKEN

1
Die Hügel ertränkt
ein schwarzes Wolkengewicht.
So sinniert der Geist.

2
Alles Grün ist gut.
Alle Menschen scheinen schön.
Alles wird Humus.

3
Die Straße ist nass.
Ich segle auf zwei Rädern
Schnecken umschiffend.

4
Lachen im Gasthaus.
Das verrät mir die Tiefen
von Engel und Tier.

5
Die Wirtin ist fett,
ihr Vegetarisches gut.
Grün siegt weit und breit.

6
Der Radfahrer trinkt
den Tag voller Sauerstoff.
Das macht den Geist high.

7
Der Arzt schrieb mich krank.
Die Natur spricht: Sei gesund!
Da glaub' ich ihr mehr.

8
Ich wähle den Weg.
Winde zieh'n mir entgegen.
Ich nehm' die Wahl an.

9
Liebe ich Asphalt?
Das unablässige Grün
hebt mich darüber.

10
Wie wird das Dorf sein -
nur noch drei Kilometer?
Schon ist es vorbei.

11
Hier wohnen Menschen,
seit Generationen.
Schnell bin ich hindurch.

12
Einfachste Technik,
Wunder der Raderfindung
macht mich zum Vogel.

13
Ich komme voran.
Meter sind Kilometer.
Raum und Zeit fliehen.

14
Die Herzpumpe pulst.
Raum und Zeit sind Illusion.
Das Herz steht in Stille.

15
Wie leicht ist es doch,
jedes Wetter zu lieben
jenseits von Gründen!

16
Bergauf oder -ab,
beides hat seine Gründe
und ist willkommen.

17
Ich Fremdling staune:
alle Frauen sind mir schön;
Sie sind so anders.

18
Nirgends die Sonne.
Der Himmel hängt ganz niedrig.
Ist nichts dahinter?

19
Schiene die Sonne,
würd' es mir dennoch scheinen:
nichts sei dahinter.

20
Wär' die Sonne Gott,
wär' da noch was dahinter?
„Gott" - das heißt alles.

21
Fern von der Liebsten
bringt große Nähe zu ihr.
Fern ist nah, nah fern.

22
Meine Gefährtin
fährt mit mir auf dem Stahlross.
Sie heißt Einsamkeit.

23
Hier auf der Grenze
von Thüringen und Bayern
haust einsam ein Gott.

24
Der Lutheraner
an Mariae Himmelfahrt
freut sich des Leibes.

25
Die Kräuterweihe
und des Leibes Himmelfahrt
weht mit im Fahrtwind.

26
Die Massen Beton
macht die Grünkraft zunichte
geduldig und schnell.

27
Mit schwerem Gepäck
fahre ich durchs Klostertor,
mich zu erleichtern.

28
Hier war ich schon mal.
War's ein früheres Leben?
Wann war ich ein Mönch?

29
Der Abt versteht mich.
Da verstehe ich mich auch -
seit tausend Jahren.

30
Aber was kommt jetzt?
Initiation ins Alter.
Kein Rad will zurück.

RUHE–STAND

Es ist geschehen.
Der Mühlstein lehnt an der Wand.
Dreht sich die Achse?

KOMMENTAR

Menschliches Wesen, was ist's gewesen?
In einer Stunde geht es zugrunde,
sobald das Lüftlein des Todes drein bläst.
Alles in allen muß brechen und fallen,
Himmel und Erden die müssen das werden,
was sie vor ihrer Erschaffung gewest.
Paul Gerhardt 1666

Gestern bin ich gefallen,
in Sekundenblitzesschnelle,
schlug mit dem Kreuzbein und dem Hinterkopf
auf den vereisten Stein.
Da lag ich auf der kalten Erde.

Als ich allmählich zu mir kam,
stand neben mir Freund Paul.
Da frug ich ihn:
Was bin ich gewesen
vor meiner Erschaffung?
Als wüsste ich etwas von der Möglichkeit,
etwas gewesen sein, ehe ich wurde.
War ich ein Teil des großen Chaos,
schwamm ich im Himmelsozean?
Wie kam es, dass ich die erste Haut verließ
und kroch hinein in diesen
engen Wechselbalg des Fleisches?
Besteht die Möglichkeit,
zurückzuschlüpfen in die Glückshaut meiner Seligkeit?
Wartet sie denn noch auf mich,
die ewige und unverwesliche Präsenz,
aus der ich kam?
Werd ich werden, was ich gewesen bin?
Oder bin ich vor der Zeugung und Geburt
nur ein bloßes Nichts gewesen, das in mir wirkt,
bis ich ins bloße Nichts zurückgefallen bin?

Heute bin ich mit Kopf und Kreuz gefallen,
und als hätt' ein Engel mich aufgefangen,
erlitt ich weder Bruch noch Beule,
bin schmerzlos aufgestanden,
als wäre nichts gewesen.

SEILTÄNZERFREIHEIT

Als ich jung war
lief ich barfuß kreuz und quer
über alle Felder
wie ein Hase, wie ein Fohlen,
ein entlaufner Sklave.

Als man mich eingefangen hatte
wurde ich gebrauchbar sittsam
und diente hin und her in ihren Mühlen
ihren Schulen ihren Tempeln
wie ein sackbelad'ner Esel.

Seit ich alt bin
hab ich mir aus meinen Sielen
ein Seil gespannt
zwischen zweien Türmen,
wohin mir keiner folgt.
Ich wandle kühn und achtsam
nach eigener Bemessung
in der Höhe hin und her.
Weit reicht nach beiden Seiten die Balancestange
des immer neuen Hier und Jetzt in Dur und Moll.
Alles was in mir Bewusstheit ist
versammelt sich in meinen schmalen Sohlen
bis zum Becken und zum Haupt.
Ich achte nicht, ob man mir Achtung zollt.
Alles ist gefährdet, alles kostbar,
das Leben macht sich seinen Tod zum Freund
und in Gelassenheit erscheint
der Seele wundersame Sinnlichkeit,
des Geistes schrankenloses Reich,
des Leibes sexuale Urbedeutung.
Die Schwingen meines Wesens regen sich
zur Übung für den großen Flug.
Ich frage, wann soll ich das Seil verlassen?

Da seh' ich, dass ein Licht im Turme diesseits brennt.
Soll ich zurück? Soll ich durchs Fenster äugen?
Liegt da vielleicht ein Sterbender allein?
Beraten hier Konspirateure?
Beweint ein Mädchen seine Schändung?
Soll ich den Jenseitsturm vergessen?
werd' unausweichlich ich
ein letztes Mal hier noch gebraucht?
Bedenklich schwankt mir die Balancestange.

VERZWEIFELTE BITTE

In vollständiger Erfahrung, Erkenntnis und Überzeugung,
daß ich keine Macht über mich habe
und keinen freien Willen gegenüber der Sünde
flehe ich dich an, höchste Macht,
wenn du kannst - und du kannst doch wohl
und wenn du willst - und du willst doch wohl:
Verschalte meine zwanghaften Neuronen neu,
verändere das heillose Genprogramm meiner Ahnen,
gewähre mir die unwahrscheinliche Chance einer Mutation
in Richtung Reinheit der Engel,
veranlasse einen stillen Quantensprung meines Willens,
befreie mein Unbewusstes von seiner Psychoautomatik,
bestrahle meine Eingeweide mit deinen
      tödlich rettenden Frequenzen,
gewähre meinem wuchernden Geist
      eine göttliche Chemotherapie,
flute meine seelischen Geschwürbarrikaden
      mit deiner Energie hinweg,
heile meinen Blick mit den Laserstrahlen deiner Liebe,
transformiere meinen Typ in die neunfache Strahlung,
tauche meine Seele in das Reagenzglas des neuen Adam.
Wie ein unverschämter Bettler ohne Arme und Beine
begehre ich das Größte, was du für mich hast.
Denn da du mir schon die Vorahnung
und das Verlangen danach gegeben hast,
so wirst du es doch wohl nicht eine ewige Verheißung
      sein lassen,
sondern eine steigende Entwicklung meiner Geschichte,
denn ich glaube:
Es ist immer alles im Fluss
und nichts ist festgelegt in meinem Sein,
flüssig bin ich in deiner Kybernetik
in Ewigkeit. Amen.
Aber, aber:
Geriete ich dir jetzt schon bar der Sünde,
so bedürfte ich der Vergebung nicht,

und wär' ich dann noch ein Mensch?
So ist es mir recht, wenn du dies mein Gebet
lächelnd überhörst.
Wirklich. Amen.

FROHE ENTTÄUSCHUNG

Ich dachte, ich sei ein alter Topf
ich sei ein gebranntes Kind
dem neue Wege verbaut sind.
Es war eine Täuschung.

Sie entstand durch die harte Hand
der funktionalen Welt
die hatte mich festgestellt
und am Henkel gepackt.

In Wahrheit bin ich noch
auf der Scheibe des Töpfers
in den Händen des Schöpfers
alles ist Drehbewegung.

Derwisch müsste man sein
um das aufzunehmen
wie ich mit Wassern und Lehmen
in festen weichen Händen bin.

Ich werde emsig gedreht
entwickelt und aufgebaut
umgeformt und freundlich angeschaut
diese fremde Hand tut gut.

Erst wenn ich vervollkommnet bin
wird meine Form gebrannt.
Dann füllt sie sich bis zum Rand
mit Wasser von Kana.

MEINE NUR GEFÜHLTE WIRKLICHKEIT

So gewiss ich meiner Nacktheit bin in Gegenwärtigkeit,
so gewiss auch meiner mählichen Gewordenheit
und dabei auch meiner furchtbar spürbaren Verweslichkeit
daraus entspringt mir das Gefühl Bezogenheit
auf die höchste Macht und Majestät Unsterblichkeit
der ich mich verdanke und verschulde bis in Ewigkeit
es sei denn, dass in aller meiner Ahnen Flüchtigkeit
auch ich verlösche in die Sternennacht der Nichtigkeit.
Ob so, ob so: ich schließe meine Augen vor der Herrlichkeit.

DER UNTERSCHIED

Wenn man alt ist
sieht man alle Vorgänge von hinten
und versteht sie
und verzeiht sie
und bekennt sich schuldig.

Wenn man jung ist
sieht man alles noch von vorn, von außen
und stößt sich dran
und rüttelt dran
und sucht nach Schuldigen.

BILANZCHAOS

Wie viel Brote meiner Lebtag angeschnitten
wie viel Container Flaschen Wein geleert
wie viel gern getragene Schuhe abgelaufen
abgelaufen wieviel ungenutzte Uhrzeit
wieviel 1000 Liter Sprit aus der Erde
durch den Auspuff in den Äther gejagt
wie hoch ist der Berg von eignem Müll
wenn ich den einmal besteigen müsste
ginge mir der Atem aus
und wieviel Milliarden Samenzellen nebenbei verschwendet
wieviel ungelebtes Leben, als ich noch vor der Glotze saß
wie oft todmüd' nachts ins Bett gesunken
und furchtsam einen immer noch mal neuen Tag begonnen
Terminkalender vollgekritzelt abgewickelt stapelweis
mit ach so wichtigen Nichtigkeiten und Pflichtigkeiten
wieviel Bücherwissen aufgegessen und total vergessen
wieviel Vorsätze gefasst und gleich gebrochen
am Abend in nutzlose Reue geflüchtet
die schon morgens früh verging
wie der Tau in der Morgensonne.
Diese lebenslange Großneurose
diese vielen gut gemeinten Werklein
wer hat sie so lang' geduldet
bei soviel unzählbaren kostenfreien Atemzügen
und noch immer quillt es
freudig scheint mir
oder voller Gleichmut
aus dem tiefblauschwarzen Füllhorn Tag für Tag
und hab' immer noch
keine Rechnung zugestellt bekommen.
Bin ich ein Schmarotzer, ein Schicksalloser,
ein vom Gerichtsvollzieher nicht Aufgefundener,
ein vom Tod Vergessener
zahlungsunfähig gewordner kleinbürgerlicher Typ
oder bin ich ein privilegierter Räuber
ein Träumer gefährlich hochbegnadet

ein schöner Schädling flatternd wie ein Schmetterling
völlig unbedeutend
oder doch so sehr geliebt
als sei ich der einzige meiner Art?

ICH HEBE MEINE AUGEN AUF

Irgendwo im höchsten Osten
oder ist es in Fernwest
muss ein hoher Berg sein
nein nicht im Polareis
schroff den fremden Stürmern
den Einheimischen sanft
stell ich mir vor
ein Massiv von Magnet
kristallin transparent –
der Berg der Reinheit.

Ich spüre das
mein Geist ahnt
mein Gemüt sehnt
mein Eingeweide begehrt.

Niemand hat mir davon geredet
ich weiß es von mir selbst
alle wissen es
dass es ihn geben muss.

Er zieht auch mich zu sich in die Ferne
als kennte er mich
meine Schandflecken beweisen es mir.

Oder bin ich schon im Aufstieg
barfüßig an seinem großen Fuß?

Wenn die Nebel der Jahrhunderte verziehen
wissen wir mehr.

DAS GLAS IST LEER DAS GLAS IST VOLL

In vino veritas
und diese Weinwahrheit, sie heißt
in vino vanitas
und diese Weinart weiß:
die Welt ist eine große Illusion,
doch nach ihr kommt
die große Welt der Nüchternheit
und von dieser trinkend folgt vielleicht
Enthüllung von Weltwirklichkeit
und nur in dieser wohnt Inspiration
durch die vielleicht gedeiht
die stille Frucht, die bleibt:
die Liebe in Person.

VITA NOVA

I

Die mir im Traum erscheint seit sechzig Jahren
und die nur sieben Jahr' ich wirklich sah,
ist längst in eine andre Welt gefahren
und ist doch, hochbetagt wie ich, noch da.

Doch kann ich sie als solche nicht gewahren,
sie ist sehr fern, wie tot und nie mehr nah.
Ich wüsste tief in mir sie aufzubahren
mitsamt der Schmach, die uns durch uns geschah.

Ach, diese ist es nicht, die mir erscheint
und im Erscheinen mir sogleich entschwindet,
wer ist sie dann, die ausweicht meinem Blick,

so dass mein Aug' und Herz im Schlafe weint,
weil meine Seele sucht und doch nicht findet
das mir von Jugend an verheißne Glück?

II

Wenn irgendjemand wollte dies verstehn,
ja wenn ich selber, was da ist, wollt' wissen –
wir müssten sechzig Jahre rückwärts gehn
dorthin, wo zwei nicht wussten, sich zu küssen:

Die Liebe war zu neu, zu stark, zu schön.
Ich möchte diese Ohnmachtszeit nicht missen,
dies Überwältigtsein von inn'ren Weh'n,
die sich mit Worten noch nicht äußern ließen.

Vier Jahre hielt ich's in Geheimverwahrung.
Ein schweres Siegel lag auf meinem Munde.

Sah mich die blonde Holde, grüßt' ich kaum.
Dann war sie da, die Zeit der Offenbarung.
Ich lud sie ein zum Wandern eine Stunde.
Drei Jahre gingen wir durch einen Traum.

III

Nur wenig habe ich hier zu erzählen
Wir trafen heimlich uns am Brückenbogen,
wir schwammen abwärts auf den Donauwellen,
sind selig auf die Winz'rer Höh'n gezogen.

Wir trafen uns im Neuhaus in den Sälen
und hörten die Konzerte in uns wogen.
Wir mussten unsre Liebe sehr verstellen
und haben unsre Eltern angelogen.

Das Fahrrad trug uns bis Maria-Ort.
Es war im Juni zur Holunderblüte.
Beim Baden sah ich ihren Busen kaum.

Dann, nach der Schulzeit, zog sie fort.
Ich sah nicht mehr der großen Augen Güte,
stumm hing ihr Geigenspiel im Raum.

IV

Doch tiefer muss ich, um herauszufinden,
was mich bedrängt, mich wagen ins Gedicht.
Ich stummer Minnesänger will mir künden,
was will dies nie verblassende Gesicht?

Warum will nächtlich mich es immer binden,
als wollt's mich stellen vor der Liebe Hochgericht,
vor dem ich büßen müsst' für Schicksalssünden,
dass ich die Jugendliebe macht' zunicht?

Ach nein, dies nicht! Zu sanft ist die Gestalt,

zu abgewandt, zu unerreichbar ferne,
zu blass, zu keinem Aug' in Aug' bereit,

zu bittersüß die liebende Gewalt.
Ich hätte ein Begegnen nur zu gerne,
den Augentreff zu irgendeiner Zeit.

V

Aufs neue hatt' ich sie im Traum verloren,
ich blieb allein im menschlichen Gewühl,
wo niemand weiß, wie Sehnsuchtsschmerzen bohren,
weil sie mir fehlte im Gesellschaftsspiel.

Im nächsten Traum jedoch war's meinen Ohren,
als hörten sie die Wahrheitsstimme kühl
zu mir sagen: „Wehe jenen Toren,
die ein Idol beweinen voll Gefühl."

Da ward mir klar: ich habe mich verstiegen
und hab' ein liebes Menschenkind vergöttert.
Die Seele sucht nicht die Realperson!

Sie sucht sich selbst, die Anima verschwiegen,
vor der sich jedes Außenbild zerblättert,
bis ich mich selber finde in Geheimunion.

VI

Erst jetzt versteh' ich ihren Namen,
der dem Altgriechischen entstammt,
aus Meeresgrund, woher die Perlen kamen,
ein Wiesengrund voll weißem Sternensamt:

Nicht Margarete von ... wie Adelsdamen,
nicht Gretel wie im Märchenland,
Nicht Gretchen wie in Dramen – großen
schlicht Margot wurde sie genannt.

Zu deutsch: Die Perle, die ein Kaufmann suchte,
die eigne Seele, die ich plötzlich fand.
Vorbei die Zeit, mich selber zu verfehlen!

Was einst ich in der Außenwelt verbuchte,
find ich nur in meinem Binnenland,
wo Gott und Seele nächtens sich vermählen.

WIE DIE SUCHT DES SEHNENS ENDET

Sehnsucht, sagt man, sei eine Sucht,
Frucht der eitel romantischen Jahre.
„Fahre nicht fort mit deiner Flucht,
entfliehe dem süchtigen Weltschmerzgebare!"

Ich aber bin ein reisender Greis,
weiß um das Sehnen zur letzten Weihe,
reihe mich ein in den Totentanzkreis,
ergreife begierig die Sehnsucht nach – nichts.

Nichts mehr frag' ich nach Himmel und Erde,
werde, wie der Psalmist singt, frei,
high statt der süchtigen Ungebärde,
bar der ewigen Fragerei.

Fragt mich nicht: „Wie ist das geschehen?
Wehen nicht immer Wünsche empor?"
Mein Ohr hat die Gottheit der Liebe gesehen.
Gehör ich ihr an, so frag ich nach – nichts.

EDITORISCHE NOTIZEN

Der zweite Band der Gedichte setzt die thematische Ordnung fort. Innerhalb der Kapitel haben wir uns hier für eine chronologische Ordnung entschieden, wobei die Chronologie den Inhalten entsprechend gewählt wurde: im ersten Kapitel gemäß dem Tageslauf, im zweiten durch die Monate des Jahres gegliedert, in den beiden weiteren Kapiteln gemäß der biografischen Abfolge. Lediglich das titelgebende Gedicht wurde in jedem Kapitel an den Anfang gesetzt.
Wie schon im ersten Gedichtband erscheinen die allermeisten Texte hier zum ersten Mal in Buchform. Zu diversen Gelegenheiten hat Dietrich Koller im Familien- und im Freundeskreis Gedichte verschenkt. Eine große Anzahl von Texten, vor allem aus den Jahren seit seiner Emeritierung gehört aber wiederum dem an, was man ein poetisches Tagebuch nennen könnte: Texte, die von einer fast kontinuierlichen poetischen Selbstreflexion zeugen, Poesien, die er zu Lebzeiten niemandem zu lesen gab. Nur durch den Schlüsseltext „An meine Kinder", den wir an den Anfang der Gedichtbände gestellt haben, sehen wir uns zur Veröffentlichung dieser Texte berechtigt.
Dietrich Koller hat sehr häufig ein Entstehungsdatum angegeben. Bei Texten aus früheren Jahrzehnten ist oft eine Jahresangabe handschriftlich nachgetragen. Diese Angaben können dem Inhaltsverzeichnis entnommen werden. Fast alle Texte sind mit den Initialen DK oder dk autorisiert. Gelegentlich ist auch ein Entstehungsort angegeben, oder es finden sich Fußnoten, die eine Widmung enthalten oder den Entstehungsanlass nennen. Diese sind im Folgenden aufgeführt. Die Texte wurden nicht den aktuell gültigen Rechtschreibregeln unterworfen, sondern lediglich dort korrigiert, wo die Originale offensichtliche Fehler enthielten. Die Interpunktion wurde nicht verändert.

Wetzhausen im Abendlicht: „Für Martha Aschenauer zum 91.Geburtstag zu einer Fotografie von Karl Dietz"

Du Sonne der Gerechtigkeit: Dieser Text stammt als einziger nicht von Dietrich Koller. Den altkirchlichen Hymnus in sprachlicher

Überarbeitung hat er dem Benediktinischen Antiphonale, Münsterschwarzach 2002, S. 161 entnommen.

Beim **Einschlafen:** In der Ausstellung zur Himmelsscheibe von Nebra im Landesmuseum für Vorgeschichte in Halle werden bronzezeitliche Miniaturschiffchen gezeigt, für die eine rituelle Verwendung vermutet wird. (mr)

Epiphanie am Abend: „Imshausen"

Winterlinge: Unweit des Dorfes Vierzehnheiligen zwischen Jena und Apolda, nahe bei Closewitz im Wald kommen im Februar die Winterlinge zur Blüte. Vor Jahrhunderten mit Rebstöcken aus Italien hierher verpflanzt, breiten sie sich von Jahr zu Jahr aus und zieren auch Vorgärten und Parks in der Umgebung. Das Schlachtfeld von 1806 ist nicht weit, ebenso der Übungsplatz des sowjetischen Panzerregiments, das in Jena bis 1990 stationiert war.

Mariae Geburt: „zum Geburtstag von Ferenc Czagany"

„Der Mensch ist da!": „Für Rachel, Schwanberg"

Atlantika: „Barbatre 24.8.85 dir zum 11.9.85"

Willkommen: „Für Lucia aus Israel" (sc. bei deren Rückkehr aus Israel – mr)

Was ist Keuschheit: „Oy"

Das Gewicht des Herzens: „Oy"

Kleine Liebesapokalypse am 29.09.03: Im Hintergrund dieses Textes steht die Tannhäusersage, zu lesen bei Ludwig Bechstein, Deutsches Sagenbuch, Nr. 460: Vom edlen Ritter Tannhäuser, Meersburg und Leipzig 1930, S. 319-320. – Der 29.9. war der Verlobungstag von Lucia und Dietrich. (mr)

Vom Kreuz des Menschen: „Oy"

Weiter weiter: „Für Hans. Zum 10.11.93"

Ein Traum von Freiheit: „London"

Seltsame Sucht: „zu einer Karte von Hans"

Kranichzug: „Am Tag, als viermal große schreiende Kranichzüge zu je etwa 250 Vögeln über unsern Garten in die Abendsonne nach Spanien flogen"